COLLECTION FOLIO

Pierre Drieu La Rochelle

La comédie
de Charleroi

Gallimard

ISBN 2-07-037366-5

Pierre Drieu la Rochelle (1893-1945) est né à Paris. Il fut l'élève de l'École des sciences politiques avant d'être mobilisé et de prendre part aux combats de Charleroi et de Verdun. Il fut blessé à plusieurs reprises. Après des poèmes : *Interrogation* (1917), *Fond de cantine* (1919), il publie un essai, *Mesure de la France,* qui le rend célèbre. Hanté par la décomposition de la société, qu'il dépeint dans des romans comme *L'homme couvert de femmes, Une femme à sa fenêtre, Rêveuse bourgeoisie, Gilles,* il finit par chercher un recours dans des solutions politiques extrêmes. Ses derniers écrits, publiés après sa mort sous le titre de *Récit secret,* font un bilan lucide de cette aventure politique et aboutissent à une philosophie du suicide, qui éclaire en profondeur les raisons de sa mort volontaire, le 15 mars 1945.

PRÉFACE

Il y a, aujourd'hui, comme un malentendu entre la guerre et la littérature, pour autant qu'on s'adresse à celle-ci avec une certaine exigence. Étrange paradoxe, car si l'on remonte en arrière, par-delà nos siècles classiques pour lesquels le genre si peu coté du roman s'effaçait loin derrière l'épopée, c'est dans l'élaboration d'une matière épique que s'est souvent affirmé le génie d'une langue : dans un premier accomplissement magistral, la poésie guerrière de la Chanson de Roland *ou de* l'Iliade *émerge des tentatives archaïques, pour remplir, fort souvent, un rôle fondateur. L'ivresse juvénile des combats n'offusque alors ni la faiblesse du héros, lorsque Hector, brave entre tous les Troyens, s'enfuit devant Achille qui trois fois le pourchasse autour des remparts, ni la sombre angoisse du vieux Priam, écroulé aux pieds du vainqueur pour recouvrer le corps de son fils mort ; bien des siècles plus tard, la vision homérique poursuit encore Drieu qui évoquera aux Dardanelles les flottes hellènes en vue de Troie.*

Pourtant, si Drieu revendique pour la guerre un statut de phénomène éternel, plus proche de la nature que de l'histoire, quelle déchéance générale dans sa traduction littéraire ! Non que les écrivains aient cessé d'en traiter : la Première Guerre mondiale — et la Seconde à sa suite — a suscité une énorme littérature dont la médiocrité

*décourage plus encore que la masse. Illustrant en ce
domaine aussi l'hégémonie actuelle du genre, le roman
de guerre pullule et distille un ennui féroce ; les plus
renommés n'en triomphent pas toujours : Norman Mai-
ler s'enlise dans les bourbiers insulaires des* Nus et les
morts *tout autant que Soljenitsyne dans les plaines
infinies d'*Août 14. *Les plus lisibles, les plus percutants
sont encore ceux qui adoptent un point de vue systémati-
quement critique — Barbusse avec* Le feu, *Remarque
avec* A l'ouest, rien de nouveau —, *mais sans atteindre
toutefois le point où l'écriture devient style. Il semble que
devant la guerre, le roman moderne déclare forfait. Ou
bien n'est-ce pas la guerre moderne qui se dérobe au
roman ? A la fin du XIXe siècle, Tolstoï avait encore pu
écrire* Guerre et paix ; *mais déjà la première guerre
moderne, la guerre de Sécession, n'avait rien engendré de
puissant.*

*Y a-t-il encore place pour le courage d'Achille dans les
immenses abattoirs du XXe siècle ? « Songez à la tête
qu'auraient faite Socrate ou Montaigne à Douaumont »,
s'effare Drieu. Lorsque son courage n'est plus que
d'attendre immobile, il se rapproche singulièrement de
l'inertie du « bétail passif » dont il veut à tout prix se
démarquer : ce courage laid et faible ne lui tient pas
chaud au cœur. Lorsque l'adversaire recule à perte de
vue derrière une machinerie cataclysmique, le sujet de
l'épopée disparaît avec l'affrontement d'homme à
homme. On ne peut plus parler qu'en marge de la
guerre : frasques de permissionnaires et rapports de
forces au sein de son propre camp. La guerre en soi n'est
plus qu'horreur sans phrase, monotonie, extermination
mécanique et débile. Il est un degré de l'inhumain où le
langage romanesque perd ses droits. Comme plus tard
devant l'ignominie vertigineuse des camps de concentra-
tion, il n'y a place que pour la futilité ou le silence.
Comme le permissionnaire de Verdun, le rescapé des
camps n'a rien à dire à qui n'a pas vécu son expérience ;*

la simple idée d'une œuvre qui s'appliquerait à agencer une intrigue romanesque dans le cadre concentrationnaire suscite un haut-le-cœur.

*Échec du langage romanesque ou échec de la langue ? La question peut encore se poser s'il est vrai, selon le mot de Hölderlin, que c'est poétiquement que l'homme établit sur terre ses séjours. Il y a des plongées suffocantes de la poésie dans le mal absolu de la guerre ou des camps ; Trakl ou Celan ouvrent soudain des gouffres qui s'enfoncent à la verticale dans des strates que l'on croyait livrées à l'aphasie du monstrueux ; Char, dans le milieu certes moins irrespirable de la Résistance provençale, écrit sous l'invocation d'Hypnos. Encore noyé dans l'expérience de la guerre, Drieu avait bien pressenti en 1917 ce recours au poème pour surmonter l'insurmontable. Mais c'était sans être poète, la cause est de longtemps entendue, et malgré son emprunt du verset claudélien, il ne propose avec la poésie guerrière d'*Interrogation *et de* Fond de cantine *que des ébauches prenantes et maladroites. Seules lui restent ouvertes les formes narratives que leur application consciencieuse au réel condamne trop souvent au subterfuge ou à l'impuissance. De brefs sondages dans des romans célèbres montrent comment les écrivains ont dû ruser avec cette loi d'airain. Le Montherlant du* Songe *saupoudre d'épisodes guerriers une trame psychologique où s'annoncent déjà les perfidies des* Jeunes filles, *tandis qu'Hemingway transforme l'*Adieu aux armes *en pur roman d'amour. Magistral entre tous, Céline relève seul le défi au début du* Voyage au bout de la nuit, *mais c'est en requérant des puissances de la poésie les moyens d'une évocation visionnaire qui décolle librement du réel. Elle ne constitue d'ailleurs que le bref prélude d'un roman qui s'orientera ensuite vers d'autres cercles de la douleur. Moins grand mais fort lucide dans ses options esthétiques, Drieu choisit vingt ans après le massacre les deux meilleures répliques au silence et à la platitude : la forme brève et le recul.*

Déjà son expérience propre l'écartait des longs récits de guerre ; avec sa sincérité habituelle, il écrivait en 1929 à Benjamin Crémieux, qui opposait son œuvre à celle de Remarque, qu'il était resté au front quinze jours en août 1914 (Belgique, Charleroi), quinze jours en septembre 1914 (Champagne), deux mois aux Dardanelles en 1915, un mois à Verdun en 1916, un mois de nouveau à Verdun en octobre 1918. S'il était parfois embusqué, trois blessures — dont une lui laissa des séquelles toute sa vie — et une vilaine dysenterie qui le fit rapatrier de Grèce expliquent le caractère ponctuel de ses engagements : si courts soient-ils, ceux-ci le confrontent aux formes les plus aiguës des nouveaux carnages : l'échec de Charleroi qui ne sera rattrapé que par la contre-offensive de la Marne, et les pilonnages de Verdun. Sa vie illustre bien la qualité particulière de son courage, qu'avec trop peu d'indulgence il charge le lieutenant de tirailleurs de définir en ces termes : « une témérité sans lendemain »[1].

Pas plus que pour l'acharnement passif du soldat sous les bombes, Drieu n'est fait en littérature pour la longue distance : à la date de 1933 où il commence à écrire et à publier séparément la plupart des nouvelles qu'il regroupera en 1934 dans le volume paru chez Gallimard, sa plus grande réussite littéraire est probablement, ainsi qu'il en est lui-même conscient, le récit court du Feu follet. Mal à l'aise dans les grandes machines, il se contraint à utiliser le cadre romanesque, et jusqu'à la fin de sa vie, on ne comptera pas les romans qu'une fin bâclée sauve de justesse de l'inachèvement. Très vite le roman, comme la guerre, l'ennuie, et le plus traditionnellement construit, Rêveuse bourgeoisie, montre partout la trace de cette pesanteur mal assumée. Au contraire la nouvelle lui permet de donner la mesure de sa maîtrise. Ce genre trop négligé en France, selon une opinion

---

1. Sur le réel courage de Drieu, les témoignages ne manquent pas, et en particulier celui de Malraux.

aujourd'hui fort répandue, trouve dans La comédie de Charleroi *l'un de ses accomplissements les plus forts : je n'en veux pour exemple que la réussite des « chutes », dont la vigueur assure à chaque texte sa pleine efficacité.*

La Comédie, *après avoir joué sur une confrontation permanente entre l'authenticité du front et la mascarade bourgeoise de la vie civile retrouvée, s'achève sur un refus des facilités dérisoires que celle-ci offre au narrateur ; trop élégant pour conclure sur un trémolo moral, il s'en tire par une pirouette en y joignant l'aveu cynique de son besoin d'argent. Toute son ambivalence est là, sa soif des biens de ce monde, doublée du dégoût pour les compromis qui y mènent.* Le chien de l'Écriture *comme* Le lieutenant de tirailleurs *se terminent sur des images clefs dont le retentissement symbolique égale la valeur plastique : le lâche et la compagne qu'il tentait d'éblouir se retournent sur les marches de l'Opéra, mal à l'aise sous le regard inquisiteur qui les suit ; malmené par la guerre, acculé à d'humiliants aveux, le lieutenant s'en va en clopinant dans la nuit du Vieux Port. Le déserteur achève la joute verbale sur un cri de triomphe : « la terre est à moi », tandis que* Le voyage des Dardanelles *brise le rythme d'une description minutieuse par un raccourci saisissant et un brusque hiatus temporel. Quant à la dernière nouvelle, elle rompt la tension latente par un coup de théâtre qui fournit à l'œuvre comme à la guerre son mot de la fin : « Je suis parti, je ne suis jamais revenu, cette fois ».*

Cette simple mais parfaite maîtrise formelle offre déjà un moyen d'échapper à l'emprise d'une vision trop obsessionnelle ; et toute l'attitude du héros tendra par le recul, l'ironie vis-à-vis des choses et de soi, à maintenir à distance le phénomène de la guerre. En ce sens Marcel Arland a vu fort juste en écrivant[1] *que la* Comédie *« n'est pas une peinture de la guerre, c'est le récit des*

1. Dans un article de mai 1934 de *La Nouvelle Revue Française*.

rapports d'un homme avec la guerre ». Non seulement c'est l'œuvre de quelqu'un qui se souvient longtemps après, mais la structure narrative des nouvelles intègre en elle ce recul : presque toutes sont rétrospectives, et d'abord ces deux « nouvelles-conversations » que consti-tuent Le déserteur *et* Le lieutenant de tirailleurs. *Plusieurs années après la guerre, Drieu dialogue avec un Français de rencontre qui s'est réfugié en Amérique du Sud ; et si l'entretien avec le lieutenant a lieu pendant la guerre, c'est au cours d'une permission, alors que l'interlocuteur, en instance de départ pour le Maroc, est déjà sorti des combats modernes qui appartiennent à son passé. Plus net encore,* Le chien de l'Écriture *présente à l'occasion d'un film, ce substitut préfabriqué de l'expé-rience directe, l'épisode où s'est tristement illustré son héros. Mais par son agencement plus complexe, son dosage subtil d'actualité et de flash back, la* Comédie *constitue le chef-d'œuvre de ces remémorations différées, en démontrant par l'absurde, sur les lieux même des combats, l'impossibilité absolue de les faire ressentir ou comprendre à ceux qui ne les ont pas vécus. Seul* Le voyage des Dardanelles *nous plonge dans l'aventure au moment où elle se déroule*[1] *car* La fin d'une guerre *ne s'attarde un instant aux frontières de l'inexprimable que pour constater bientôt, avec une déception soulagée, que la guerre est finie.*

Distance du souvenir, distance formelle. Il en est bien d'autres encore ; celle du dandy, du dilettante, qui en prend et en laisse, qui trompe les hommes avec la Nature ou l'Histoire, qui interpose Fabrice ou Pascal entre lui et le donné brut ; celle du style, rapide et détaché, et qui ne se réfère pas en vain à Stendhal, avec qui Drieu partage

1. Du moins dans la version définitive : car le manuscrit comporte une VIIe partie qui, comme pour les autres nouvelles, renvoie l'action dans le passé en inventant un épilogue bien postérieur à la guerre, où le narrateur rencontre Minet devant le Quai d'Orsay.

une égale aptitude à très bien — mais aussi à très mal
écrire, témoignant de leur égale aisance dans le manie-
ment de la langue, de leur désinvolture à l'égard du pion
qui sommeille en tout écrivain, appliqué à limer sa
phrase jusqu'à en exténuer l'originalité de prime saut ;
celle, surtout, de l'esprit libre et insaisissable pour qui
rien ne serait pire que de se livrer d'avance à un principe
d'explication contraignant. D'où l'ambiguïté idéologique
qui est une des forces de l'œuvre, aussi propre à séduire
— et à irriter — fascistes qu'antifascistes, militaristes
que civils convaincus. « La guerre n'est plus la guerre »
— avertit Drieu — « vous le verrez un jour, fascistes de
tous pays quand vous serez planqués contre terre, plats,
avec la chiasse dans votre pantalon. » Et pourtant, c'est
l'époque où il écrit *Socialisme fasciste* et se donne
ouvertement pour fasciste, non par volonté de se faire le
suiveur d'une Allemagne hitlérienne — sa fatale erreur
en 1940 —, mais par souci de lui opposer une France
forte. Il marque à maintes reprises son amour de la
guerre éternelle, précisant au lieutenant de tirailleurs
qu'il n'est pas à confondre avec les pacifistes, en qui il se
refuse à voir vraiment des hommes. Il y a chez lui une
sorte d'affirmation nietzschéenne de ce qui est, qui ne lui
permet pas, en vertu d'un espoir moral, d'en refuser tel
ou tel aspect. Si la guerre fait partie de la nature des
choses, il est vain de rêver avec les utopistes à un monde
dont elle serait exclue.

Mais paradoxalement, cet acquiescement n'est entier
qu'en apparence et aboutit à d'autres formes de dissimu-
lation. Comme la plupart des œuvres qui exaltent la
guerre, la *Comédie* en est réduite à escamoter le pire
pour mieux fonder son assentiment. La vision des
cadavres, qui fournit à Céline ou à Hemingway des
images insoutenables où s'inscrit une condamnation
implicite, est étrangement gommée de l'univers de Drieu.
Son premier mort de la guerre, Matigot, est tué bien net
d'une balle au cœur, pâle et pur, et d'une telle noblesse

qu'il pourrait l'embrasser, aussi ému que devant sa mère
morte. On se heurte à une sorte de censure de la mort
physique, comme absente d'une œuvre qui, malgré sa
hantise du suicide, abandonne presque toujours ses
héros en deçà du seuil de la mort. Le seul moment de la
Comédie où le carnage physiologique s'affirme intoléra-
ble, c'est la vision du jeune officier américain qu'on
rapporte la tête en bouillie, sans yeux, sans nez, sans
bouche, « chaos de viande », dit Drieu, où « une double
habitude de voir nous cherchait » : devant lui, la seule
pensée possible est refus, la seule attitude concevable est
la fuite.

Ce silence biologique sur la mort s'accompagne d'un
silence affectif : car si, presque par principe, le narrateur
d'un récit de guerre a la chance d'échapper au massacre,
il serait infantile de conférer la même impunité à ceux
qu'il aime. L'apologie de la guerre exclut en un sens
l'amitié : la mort de l'ami Kat est l'une des réussites les
plus dures et les plus convaincantes du pacifiste Remarque. Moins soucieux de prouver, les grands anciens non
plus n'avaient pas esquivé la mort d'Olivier ou de
Patrocle. Chez Drieu, c'est une sorte d'indifférence qui
cuirasse contre l'émotion et défend de la mort de l'ami en
supprimant l'amitié. Alors qu'on voit Delplanque,
devenu comme fou, sangloter devant le corps agonisant
de son ami Mauvier, il semble que le héros lui-même,
entre le fade Claude Pragen et ses compagnons de hasard
dont la vulgarité le choque, n'entretienne d'amitié pour
personne. Il en prend un relief inhumain, uniquement
soucieux de lui-même et de la figure qu'il fait devant la
mort. Nous sommes loin du mythe de l'amitié virile des
combattants auxquels Drieu rendra dans L'homme à
cheval un hommage désormais suspect[1]. Ou bien faut-il

1. « C'était un de ces moments où les hommes sont vraiment des
amis et fondus dans un amour qui passe hautainement les amours » :
L'homme à cheval, Gallimard, p. 51 sq.

*en conclure, comme le confirmerait une semblable indifférence chez beaucoup d'auteurs militaristes, tel le Jünger d'*Orages d'acier, *que la fameuse camaraderie du front ne recouvre en réalité qu'une entente fort superficielle. Le caporal Drieu n'entretient avec ses hommes que des rapports curieusement complices ou méprisants.*

La même équivoque s'attache à son attitude vis-à-vis du commandement. Peu d'œuvres reflètent une telle fascination du chef, jointe à un tel souci d'en démasquer les impostures. Plus encore qu'une peinture de la guerre, la Comédie propose une réflexion sur le commandement. Le temps le plus fort de la première nouvelle est celui où Drieu s'arrache à l'inertie de l'attente pour foncer en tête de la charge, attestant du même coup sa noblesse latente — une noblesse accessible à chacun — et sa nature de chef. Mais Le voyage des Dardanelles *nous ramène aux mesquineries du quotidien, aux ruses et aux insuffisances d'un homme à qui ne manque certes pas le courage, mais que hante la conscience de sa faiblesse physique ; toujours impitoyable envers lui-même, Drieu est ici la victime de cette valorisation excessive de la force brutale qui constitue l'une des clefs de son personnage. Il place d'ailleurs si haut l'image du chef que ni lui ni les autres ne peuvent y satisfaire. A côté de quelques figures marginales d'officiers de carrière, généralement de souche aristocratique, qui incarnent par nécessité démonstrative la possibilité d'un autre commandement, ce qui s'étale dans la* Comédie, *c'est l'incompétence, la sottise et la lâcheté des chefs. Là encore on est loin d'un Jünger, de son sens de la discipline et de sa conviction que tous les ordres, même les moins évidents, relèvent, comme la Providence, des desseins infaillibles du haut état-major. « Stupide vanité, consternante idiotie de nos généraux » : la* Comédie *présente un tel défilé d'adjudants imbéciles, de généraux embusqués, d'officiers fonctionnarisés qui tombent parfois sous les balles de leurs propres soldats, un tel rassemblement de ganaches que le*

*roman le plus pacifiste pourrait difficilement aller plus
loin. Dans sa fureur que l'homme ne soit que ce qu'il est,
Drieu, sous des formes inversées, retrouve l'idéalisme de
ceux auxquels il s'oppose. Comme d'autres rêvent de la
bonté de l'homme, il se perd dans la nostalgie d'une
guerre parfaite.*

*Il remonte ainsi dans l'histoire à la beauté révolue des
guerres médiévales, à un âge d'or du commandement et
du courage où les batailles se disputaient entre professionnels parfaits. Mais depuis la conscription démocratique et le développement industriel, la guerre n'est plus
qu'une antiguerre, un hybride de boucherie et de tremblement de terre contre quoi toute la force de l'homme
devrait se révolter[1]. Non seulement l'œuvre de Drieu
propose une des premières et des plus violentes mises en
garde contre les dangers de l'univers technique, sans
pour autant relever du simple obscurantisme passéiste,
mais son amour d'une guerre noble et pure se retourne
devant les hécatombes actuelles en apologie de la déser-
tion : « Comment vous défendez-vous contre un tremblement de terre ? En fuyant. » Malgré la profondeur de son
nationalisme meurtri, la valeur qu'il accorde à l'engage-
ment physique, on ne saurait prendre à la légère de telles
incitations qui ne restent pas limitées à la* Comédie *; et
dans celle-ci, cinq nouvelles sur six se terminent sur
l'image d'une dérobade sans équivoque. Dans l'ostenta-
tion suspecte de sa blessure, le héros de la* Comédie

---

1. Drieu rejoint ici Céline dans sa condamnation de la levée en
masse qui a pour conséquence la plus directe de transformer malgré
lui tout citoyen en chair à canon, à l'opposé des anciennes armées de
métier, composées, du moins théoriquement, de volontaires ; ce n'est
pas d'ailleurs le seul recoupement avec le *Voyage au bout de la nuit*,
publié en 1932, où l'on trouve déjà à propos des chefs des formules très
voisines de celles de Drieu : « Avec des êtres semblables, cette
imbécillité infernale pouvait continuer indéfiniment » (*Voyage au bout
de la nuit*, Gallimard, p. 21) ; « parce que, disait mon voisin, avec des
types comme ça, ça ne finira jamais » (*La comédie de Charleroi*, p. 119).

regagne au plus vite, narguant son colonel, l'arrière et le train qui le ramènera en France. Celui de La fin d'une guerre *recule devant sa propre témérité et abandonne une entreprise que le destin remettra* sine die. *Traité en parangon du courage aristocratique, le lieutenant de tirailleurs se dérobe aux carnages européens pour retrouver les épreuves dures mais à l'échelle humaine de la guerre du Maroc. Honteusement lâche lorsqu'il monte sur Verdun, le « chien de l'Écriture » fait jouer tous ses pistons pour s'embusquer dans l'aviation, sans même qu'il soit exclu que ce grand bourgeois écœuré à la perspective d'une mort vulgaire ait pu s'y illustrer courageusement. Si proche enfin de Drieu que l'on retrouve dans sa bouche certaines expressions du narrateur de la* Comédie, *le déserteur, dans l'authenticité de sa bravoure individuelle, offre une réfutation vivante de tous les arguments qu'un nationaliste fasciste peut invoquer en faveur de la guerre : et bien timides sont ceux que lui oppose un interlocuteur rongé par le doute. Pourtant, si forte qu'ait été la tentation du refus, Drieu est aussi l'homme qui toute sa vie rêva, dans les compromissions de la paix, à la pureté première d'un absolu guerrier. L'extase de la charge, anticipant sur la méditation mystique devenue obsédante dans ses dernières années, le transporte au-dessus de l'humain et fait de Charleroi le lieu d'une révélation unique que ne lui rouvriront ni l'amour, ni la littérature. La vie célèbre son plus grand triomphe lorsqu'elle est au plus proche de la mort. Non de la mort des autres, car il n'est rien de sordide chez Drieu, qui n'attend pas de la guerre, comme le plus triste Montherlant, la volupté de tuer ; mauvais tireur, il ironisera même sur sa probable inutilité militaire. Mais bien sa propre mort, avec qui il rusera si longtemps aux lisières du suicide avant de s'y précipiter, et que la guerre présente à découvert, dans une brutalité inouïe.*

Drieu, ici, est seul avec lui-même et ne requiert ni nos

critiques ni notre admiration. *Pourtant le risque est grand, sur un pareil sujet, de jouer au terrible simplificateur en dissociant le jugement moral du* satisfecit *esthétique que remporteraient l'achèvement de ces formes courtes et ce style sec, tendu, parfois trivial, entrecoupé de brefs éclats de grand lyrisme. Mais nous sommes loin des réussites partielles de Drieu où la vieille routine scolaire pouvait encore discerner l'hiatus désolant entre l'ampleur de l'ambition et sa réalisation effective. Cette fois la démarche formelle coïncide à tel point avec la nature de l'expérience à communiquer qu'on se meut dans ces zones où l'art n'a plus besoin de tout dire pour attester d'une sincérité fondamentale ; c'est avec elle qu'il nous faudra débattre, loin du donné informe tout autant que de la thèse contraignante : sous l'horizon futur de guerres encore plus inexpiables, dans le dialogue intime que ne peut éluder quiconque avec sa propre mort, elle n'aura pas sitôt fini de nous interpeller.*

Julien Hervier

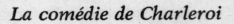

La comédie de Charleroi

I

Madame Pragen décida que nous partirions le 1er juillet pour Charleroi. Quand elle avait commencé de parler de ce voyage, j'avais vu s'allonger une perspective d'horreur. Mais il fallait m'incliner parce que j'étais le secrétaire de Mme Pragen.

Avant le départ, je passai une très mauvaise nuit chez Coralie, ma maîtresse du moment, dans la crainte d'arriver en retard le matin à la gare. Je partis une heure trop tôt. Coralie trouvait ma hâte naturelle, car elle était respectueuse de Mme Pragen, si riche.

Je fis les cent pas devant le train ce qui m'obligea à me remémorer août 1914 et les énormes masses de réservistes qui du Nord allaient vers l'Est ou de l'Est vers le Nord, je ne sais plus, et que j'avais vues passer en tempête sur ce quai où j'étais soldat de garde. Ils étaient saouls et chantaient *La Marseillaise*. C'étaient sûrement les mêmes que j'avais vus au 1er mai, place de la République, chanter *L'Internationale*. Les hommes aiment se saouler et chanter ; peu leur importe ce qu'il chantent, pourvu que ce soit beau ; et les chants immortels sont toujours beaux. Certaine partie de moi-même s'enivrait de ce spectacle tonitruant, de ce départ facile, de cet élan inconsidéré. Moi-même et mon régiment parisien, ne partirions-nous pas demain ? Et ça gueulerait. De fait, nous partîmes le 4 août, et Claude Pragen partit avec nous.

Mme Pragen arriva sur le quai. Dieu ! L'horreur prévue commençait. Mme Pragen était costumée en infirmière-major, toutes décorations dehors. J'allais donc me promener pendant huit jours, avec toutes ces couleurs qui déteindraient sur moi. Nous étions en 1919.

Elle arrivait, vaniteuse et égarée. Son regard bleu pâle, froid et inquiet, cherchait d'autres regards et, les ayant surpris, courait hâtivement ailleurs. Elle marchait vite, mais semblait faire effort, un peu voûtée, les jambes un peu torses, ses mains décharnées serrant un énorme sac à main, d'un cuir assez sombre mais marqué d'un chiffre énorme.

Elle me dit bonjour du bout de ses longues dents encore belles, avec sa politesse affectée qui m'humiliait si bien. Sa voix était cassée comme sa démarche ; et pourtant une surprenante énergie s'y faisait sentir. Avec ce gémissement dont depuis quatre ans elle avait fait sa raison d'être, elle s'installa dans le coin que je lui avais préparé. Elle vit avec plaisir qu'il y avait deux autres personnes, qui aussitôt paraissaient ébahies ; elle aurait des auditeurs. Elle étala autour d'elle des journaux, des lettres et des papiers. Puis, braquant son face-à-main sur nos voisins, qui étaient de gros bourgeois cossus, elle me dit :

— Nous arriverons à 11 h 35 à Charleroi ; le maire et Mme Warrin nous attendront.

Ce qui ne manqua pas de produire son effet ; le couple remua dans sa graisse et fixa sur elle des yeux à jamais respectueux.

Quand le train fut parti, elle relut des lettres à en-têtes officiels qu'elle avait déjà lues dix fois et qu'elle fit traîner sur la banquette, puis elle parcourut *Le Figaro* et *Le Matin*.

— Ah, Désiré va à Rouen. Il ne m'avait pas dit qu'il allait à Rouen.

— Non.

— Comme Désiré se fatigue !

Les yeux du couple paraissaient douloureux à force d'attention et de considération, car Désiré Bonsieur avait été dix fois ministre.

Un trait essentiel dans la nature de Madeleine Pragen, c'était sa passion pour la notoriété. Il fallait qu'elle fût connue ou qu'elle participât de la lumière répandue autour des gens connus. Elle avait présentement de quoi s'assouvir, puisque Désiré Bonsieur, une des vedettes du Bloc National, était ministre pour la onzième fois.

Je savais qu'elle avait mis le prix à cette illustre relation. Car si Bonsieur gardait une imperturbable amitié à la veuve de Pragen, encore avait-il fallu qu'elle eût fait autrefois le nécessaire pour devenir la femme de ce remarquable homme d'affaires. Cela n'avait pas été sans difficultés. Pragen ne voulait pas épouser sa cousine, amoureux qu'il était de la jolie Mᵐᵉ Durfort. Mais Madeleine Muller avait trouvé un moyen irrésistible ; elle avait jeûné avec un tel acharnement, maigri avec une telle rapidité que Pragen, dur avec les hommes, mais sot à force de bonté avec les femmes, avait accepté la pâle ambitieuse des mains d'une famille en larmes. Et c'est ainsi que ma patronne s'était glissée pour ne plus jamais s'en écarter dans le sillage de Bonsieur, ami intime de Pragen.

Pendant tout le trajet, Mᵐᵉ Pragen parla pour la galerie : elle parla si bien que les gens qui passaient dans le couloir s'attardaient devant notre porte, gagnés par le sentiment panique qui étreignait le couple et qui manqua de tourner en un double étranglement quand elle daigna enfin leur parler, ce dont elle grillait d'envie depuis notre entrée.

— Monsieur, merci, mais je puis m'allonger suffi-

samment. Je vous demande pardon, mais je suis bien
délicate et ce voyage est pour moi une si rude épreuve.

Les onomatopées les plus courtisanes se confondaient sur les lèvres du couple.

Cette femme, toute en vanité sèche, avait eu un fils.
Comment peut-on concevoir sans émoi ? Porter sans
passion ? Un jour, elle m'avait ahuri en me disant
qu'elle avait nourri Claude. Pauvre petit Claude : elle
l'avait fait tout mince et pourtant, très tôt, elle avait
voulu le jeter dans une carrière brutalement rapide,
sur les traces de Bonsieur. Niant sa fragilité, elle avait
voulu qu'il fût soldat. A cinquante ans à peine, elle
semblait ignorer déjà — mais plutôt il en avait été
toujours ainsi — qu'elle eût des seins, un ventre. Bien
plus que par la mauvaise santé, elle était émaciée par
une absence, cette absence qui dans ses yeux mettait
un froid, par moments pour moi absolument insupportable.

Maintenant, elle fermait les yeux. Et c'était son
éternelle comédie. Réellement fatiguée, car sa volonté
traînait toujours trop loin un corps prématurément
vieilli par la névrose et les médicaments, il ne lui
fallait pas moins, en ce moment, ajuster sur son visage
un maquillage moral qui ajoutait aux ombres de la
fatigue.

Délaissée par son mari, on pouvait être sûr qu'elle
n'avait jamais eu d'amants. Sa vie avait été remplie de
velléités et de faux-semblants. Tous tournaient autour
d'une idée de vanité sociale. Pendant dix ans, elle avait
feint d'apprendre l'archéologie, pendant cinq ans, elle
avait feint de peindre. Maintenant elle venait de jouer
les infirmières. En même temps toute sa vie elle avait
simulé d'être malade, pour justifier ses échecs ou ses
abandons. Et ce qu'elle faisait vraiment, elle semblait
le feindre encore.

Long visage maigre, avec quelque chose de charmant, d'infantile, de jeune dans la courbe des joues, et

aussi quelque chose d'obstinément allusif, de spécieux et d'introverti dans ce sourire tout en vanité abstraite.

— Vous êtes Belges, sans doute ?

— Oui, Madame. Oui, Madame. Nous sommes Wallons, de Charleroi même.

— Ah ! c'est là que je vais — avec mon secrétaire. Je vais rechercher la tombe de mon fils qui a été tué dans votre pays, en août 1914.

— Ah, Madame... Nous comprenons... Mais... Est-ce que... ?

— Oh, je vous remercie. M. Guillemotte lui-même va s'occuper de moi, et Mme Warrin.

La figure du couple s'épanouit dans une unique satisfaction.

— Oh alors, vous êtes dans de bonnes mains. Nous pensions bien... Nous connaissions bien...

— Vous connaissez personnellement Mme Warrin ? demanda Mme Pragen, en braquant sur le couple un face-à-main sévère.

— C'est-à-dire... ma femme a une cousine...

— Ma cousine est la belle-sœur de Mme Warrin, balbutia en rougissant la dame.

— Ah, murmura Mme Pragen, qui jugea cette référence convenable, mais un peu éloignée. D'ailleurs, reprit-elle, au bout d'un instant, en me désignant d'une main accapareuse, Monsieur était le camarade de mon fils Claude Pragen (pour voir l'effet de ce nom, elle dévisagea encore le couple qui manifesta en même temps son ignorance et sa honte), il l'a vu mourir, le pauvre petit, et il va me guider sur les champs de bataille.

Pourquoi disait-elle *les* champs de bataille ?

En dépit du dédain que Mme Pragen manifestait ouvertement pour ces Noizon ou Noizant — ce qu'ils ne parvinrent pas à lui faire entendre exactement — elle ne put s'empêcher de leur parler une bonne partie du trajet. Je pus rêver sur ces paysages que je me

rappelais si peu, bien que je les eusse traversés à pied.
Mais je les avais regardés d'un œil préoccupé qui
cherchait au-delà. Et la fatigue ou plutôt l'ennui de la
marche me montait du talon et des reins jusqu'à l'œil.
D'ailleurs, maintenant, que je les contemplais, confor-
tablement assis et avec la complaisance esthétique
d'un homme qui est rentré dans le sein de la paix la
plus profonde, je me demandais quelle différence
j'aurais pu nuancer entre cette campagne-là et beaucoup d'autres.

De temps à autre, Mme Pragen me posait une question, car elle n'aimait pas que je rêve, ce qui en effet
signifiait dans mon service un zèle intermittent. Je
répondais tant bien que mal ; mais par bonheur ma
réponse lui importait peu. Elle se détournait et ajoutait encore quelque révélation à toutes celles qu'elle
avait déjà faites aux Noizon de sa gloire et de la gloire
des siens.

Les brusqueries de sa curiosité ou de son indifférence
étaient accentuées, sans qu'elle y pût grand'chose, par
son face-à-main.

Enfin, nous arrivâmes, et les Noizon, à l'instant
oubliés, se consolèrent en suivant de près sur le quai de
mémorables présentations. Je constatai, un peu ahuri,
que Mme Pragen était entourée d'une véritable vénéra-
tion par M. Guillemotte, Mme Warrin et d'autres qu'ils
avaient amenés. C'est qu'elle avait donné son fils ; elle
l'aurait même poussé à partir s'il n'avait pas été si
décidé. Voilà ce qu'elle avait fait pour la France et la
Belgique, elle qui était l'amie intime d'un Bonsieur. Et
ce n'était pas tout. N'avait-elle pas adopté un village
belge ? Les morts et les vivants à la fois parlaient pour
sa gloire.

Enfin, aux yeux de Mme Warrin, Mme Pragen person-
nifiait toute la distinction parisienne. La personnifiait-
elle pour moi ? Mon jugement hésitait. Comme nous
sommes accoutumés à confondre un certain amenuise-

ment de la carcasse avec la distinction, j'avais un
regard séduit pour les doigts maigres de ma patronne.
Elle avait été fort svelte et elle l'était encore presque
autant que sur son portrait par Bonnat. Il y avait aussi,
dans ce long visage assez étroit, une certaine grâce
dans la dégénérescence. Mais elle avait les pieds longs
et les orteils larges ; et ses oreilles assez petites étaient
décollées ; et enfin, à bien voir, si ses doigts étaient
maigres, les os en étaient gros. Bref, si elle n'avait pas
eu les signes juifs — sa nuque était un peu servile, ses
hanches un peu relâchées — il lui serait resté ceux
qu'on trouve souvent au noble faubourg.

Nous fûmes transportés à travers le morne Charleroi
jusque chez Mme Warrin où Mme Pragen se logea avec ce
plaisir violent que lui donnait soudain une petite
économie, elle qui, par ailleurs, pouvait être prodigue.

Je m'ennuyai ferme jusqu'au lendemain matin, car
Mme Pragen recommençait en plus grand la scène du
train — scène dont j'avais été cent fois le témoin à
Paris. Mais me direz-vous, si vous n'aviez pas l'âme
patiente d'un courtisan, pourquoi vous étiez-vous fait
secrétaire ? Au sortir de la guerre, privé de ma solde,
j'avais été bien content de trouver du jour au lendemain cette situation où j'avais le temps d'en chercher
une autre. Hélas paresseux, peu intrigant et bien
étourdi au milieu de la vie civile, je m'y éternisais.

On voit beaucoup de choses autour de soi, on est
sensible à mille traits ; mais l'ennui ne siège pas moins
sur la cervelle, tandis que la faculté d'observation
travaille machinalement par-dessous. C'est ainsi que je
ne m'animais pas beaucoup au spectacle de la frénésie
incroyable qui jetait Mme Warrin sur Mme Pragen.
Ennui de la province qui tout à coup se déchaîne sur
l'ombre de Paris ; regrets qui, à un certain âge, se
déclenchent à la vue de n'importe qui ; convoitise
physique qui remue une chair moins vivante devant
une chair qui paraît plus alerte parce qu'elle est

parcourue par l'électricité de la richesse et de la notoriété : tout cela transparaissait sur la face grasse et luisante de Mme Warrin. Une telle agilité d'expression aurait pu m'étonner. Car, si elle lui était habituelle, comment n'avait-elle laissé aucune trace, aucune ride dans cette chair pleine et lisse ?

Il y eut une assez grande assemblée au dîner, bien que Mme Pragen eût prétendu ne voir personne. D'ailleurs, les notabilités qui étaient réunies me semblaient importantes mais comme choisies parmi les plus friables. Ce qui arrivait toujours, car les gens qui étaient attirés par Mme Pragen étaient toujours ceux sur qui elle pouvait sans risque tenter ses effets incroyablement gros. Elle semblait, toujours satisfaite de ces audiences médiocres, ignorer qu'il aurait pu y en avoir d'autres d'un peu plus difficiles.

Après le dîner, je m'échappai et je me promenai sans espoir dans une ville qui me rappelait les plus tristes et les plus antiques villes industrielles d'Angleterre et qui ne montrait comme curiosité que quelques maisons brûlées par les Allemands.

II

Enfin, le lendemain, nous partîmes pour les champs de bataille, comme disait Mme Pragen. J'étais à la fois attiré et effrayé.

Nous descendîmes d'auto à Esquemont. Et là, de nouveau, le maire nous reçut. Ce maire-là était aussi ébaubi devant Mme Pragen que l'autre ; mais d'une autre façon, non plus comme un bourgeois, mais comme un paysan : moins obséquieux, mais plus étonné et plus soumis à son étonnement.

Je ne reconnaissais pas ce village : mon régiment l'avait traversé la nuit avant la bataille pour aller

s'établir à quelque distance et la retraite nous avait
entraînés dans une autre direction. Avec ma mauvaise
mémoire, j'en avais oublié jusqu'au nom qui soudain
pourtant remua en moi une couche épaisse de souvenirs.

Le maire nous emmena à pied à travers champs, vers
les lieux qui nous intéressaient et qui étaient assez
éloignés. Il s'excusa de la distance, mais Mme Pragen
qui avait promené jusque-là dans le village — c'était ce
village dont elle était la marraine — des airs de
suzeraine discrète et bonne que l'exercice de la charité
rend gaie, prête à parler à tout venant, retrouva tout à
coup sa voix brisée.

— Je veux marcher. Mon pauvre petit a marché
beaucoup plus.

Je la regardai brusquement avec avidité. Était-elle
sincère ? Chaque parole de cette femme résonnait
toujours comme quelque chose de voulu. Je n'avais pas
cru dans le chagrin que depuis quatre années elle
traînait à grand fracas. Mais cette dernière phrase me
bouleversait ; jamais je ne lui avais trouvé un accent
aussi théâtral et pourtant j'y sentais aussi une tension
qui me laissait perplexe. Était-ce l'effort pour atteindre au chagrin ? Ou, au contraire, quelque chose de
vrai qui avait toujours été là et qui enfin affleurait sous
les habitudes conventionnelles ? Ne devais-je pas le
croire aujourd'hui, en réfléchissant que beaucoup de
gens ne peuvent même pas montrer d'imagination
dans la douleur. Ils nous trompent par l'emprunt qu'ils
sont obligés de faire des mots et des gestes, voire des
accents. Ils n'en souffrent pas moins pour cela peut-
être.

Je regardais aussi le maire pour voir comment il la
jugeait. Impossible de déchiffrer quoi que ce soit sous
cette grosse moustache blonde tordue par la considération.

Nous quittâmes le chemin de terre et prîmes un

sentier. Et soudain, après un pli de terrain, je m'y
retrouvai. D'un seul coup, cette journée d'août occupait de nouveau mes yeux et mes nerfs.

J'avais poussé une exclamation et Mme Pragen
m'avait regardé.

Son regard portait de la rancune. Quelquefois déjà
j'avais entr'aperçu ce sentiment, mais en ce moment il
était évident. Elle m'en voulait. Mais de quoi ? Sans
doute d'être encore vivant, alors que son fils, mon
camarade, était mort. Je la comprenais assez, car
j'avais déjà éprouvé une sorte de honte à certaines
minutes, comme si les jours dont je jouissais maintenant je les avais arrachés à ces jeunes hommes que
j'avais laissés là.

Ceux que j'avais laissés là. Tout à coup, je me disais
que ceux que j'avais vus couchés sur ce champ étaient
dessous. Ils étaient restés là, ils étaient encore là. Nous
continuons à vivre sur les plus vieilles superstitions,
les hypothèses les plus enfantines. Et comment pour-
rait-il en être autrement ? Nous n'avons rien d'autre à
nous mettre sous la dent, à moins de clore notre
imagination — ce qui est impossible. Comment à ce
moment me rattraper sur la pente où mon esprit s'était
d'abord jeté ? Du moment que leurs corps étaient là,
leurs âmes étaient encore là. Car là où il y a un corps il
y a une âme, parfum ou relent qui flotte. Et ces âmes
ont faim et froid et souffrent. Quelque chose de
terriblement vivant, de terriblement présent se levait
de ce champ. C'est qu'aussi toute ma mémoire se
réveillait et faisait bouillonner dans ma cervelle un
sang chaud ; et ce sang chaud nourrissait cette évidence invisible.

Et pourtant avec quelle vive désinvolture je les avais
laissés là.

— Vous reconnaissez l'endroit, me dit Mme Pragen
avec une ironie étranglée.

— Oh ! oui.

Il me fallut me retourner vers le maire qui n'avait pas confiance, qui ne croyait pas beaucoup que j'avais été là, parce que j'étais assez bien habillé et parce que Mᵐᵉ Pragen, visiblement, ne m'avait pas à la bonne.

— Voilà le mur de briques, voilà le mur de briques.

Voyant tout, reconnaissant tout, sachant tout de l'événement, alors que je voulais le leur expliquer, je ne pouvais que rester balbutiant, le bras tendu, montrant ce qui m'avait frappé si fort ce jour-là, et ce qui revenait sur moi, si fort. Ce mur de briques, il était là devant moi à cent mètres, non, deux cents mètres. C'était le mur sur lequel nous avions tiré comme des furieux, le mur sur lequel s'étaient profilés les Allemands qui...

Mais je ne comprenais plus, soudain. Nous étions arrivés, Mᵐᵉ Pragen, le maire et moi, par le même bout du champ de bataille, d'où, au milieu du régiment, je regardais le mur de briques. Tout naturellement, je les avais arrêtés là où nous étions au début de la matinée dans nos maigres éléments de tranchée. Alors, le mur de briques était loin, loin et quand nous étions partis à la charge, nous avions couru très longtemps, pour nous effondrer à mi-chemin — tout le régiment comme fauché par le jet d'une seule et suffisante mitrailleuse. Mais maintenant le mur de briques était tout près... Ce qui m'avait paru grand, infini, était tout petit comme pour un homme qui revient aux lieux où il a joué enfant.

— Voilà le mur de briques, répétais-je, les pieds en pierre, comme une statue qui parle.

— Quoi ? demanda nerveusement Mᵐᵉ Pragen. Où était Claude ?

Cette question rauque et hargneuse me sortit de la pétrification : je pus me remuer dans les détails, les toucher l'un après l'autre.

— Au début, il était ici...

... C'était le petit jour. Moi, je revenais de grand'
garde, de l'autre côté du bois. Ma section, en sortant
de ce bois, d'où après avaient surgi les Allemands (le
mur de briques, étant à mi-chemin entre le bois et les
tranchées) avait vu comme eux allaient le voir dans la
plaine, tout notre régiment étalé en lignes bleues et
rouges. Chaque ligne, comme si elle prévoyait le
danger, trop tard, essayait de se cacher, de s'enfoncer
dans la terre. Chaque homme grattait avec sa pelle
devant lui. Il y avait des prés et des chaumes. Dans les
prés, des vaches abandonnées par les paysans belges et
dans les champs, le blé récemment coupé, encore là, en
javelles. Cela nous avait fait une chaude impression à
nous qui avions été à l'avant, seuls à douze ou quinze
toute la nuit, de retrouver le régiment tout changé,
grave et soucieux qui se préparait. Et nous savions que
ça ne tarderait pas, parce qu'un chasseur d'Afrique,
brusquement surgi au coin du bois, nous avait crié en
virevoltant sur son cheval : « Les voilà ! » Mais en
passant devant la maison du garde forestier, nous
avions pris le temps de détacher le chien oublié et de
prendre un pot de confitures, sur la table, dans la salle
vide.

Le silence régnait encore dans le ciel.

En entrant dans les lignes, j'avais aperçu Claude, à
genoux dans la terre fraîchement remuée, son lorgnon
sur le nez, qui tenait d'une main frêle et maladroite sa
pelle et regardait son tampon travailler pour lui
comme à la caserne et mettre la dernière main au trou
individuel du jeune bourgeois.

— Ah, avait-il dit, en me voyant.

— Les voilà, avais-je répondu.

Et il était resté à genoux, la bouche ouverte, tout
pâle, son lorgnon de travers, condamné. Il m'avait
laissé passer et nous avions oublié de nous dire bonjour
ou au revoir...

— ... Il était là, s'écria avec indignation Mme Pragen.

Elle s'indignait comme si elle comprenait que...

... la section de Claude était très mal placée, beaucoup trop en évidence, sur la crête d'un de ces petits plis de terrain comme il y en avait tant par ici.

Comme par un fait exprès, pour la plus grande indignation de Mme Pragen, ma section était beaucoup mieux placée, dans un chemin creux, que celle de Claude. On y était si bien, viennent les balles, que Cozic, le Breton, n'avait jamais voulu en sortir et y était resté, quand nous avions été ailleurs. Ce n'était pas loin du bois, car le bois, en face de nous, d'où étaient sortis les Allemands, se prolongeait sur notre gauche et même un peu derrière nous. Notre régiment était appuyé à ce bois — si l'on peut dire ; mais à droite, il était déployé dans une plaine plate et les Allemands s'avançaient vers lui, à découvert eux aussi, le long de la grand-route, qui, sortie du bois, s'en allait de biais, de peupliers en peupliers vers un horizon de betteraves...

— Et vous, où étiez-vous ?

— Là, avouai-je...

... Mme Pragen ne dit mot, mais me jeta un regard qui voulait dire : « J'avais raison de me méfier de vous. »

Je repris posément :

— Il était là, et le capitaine était là aussi.

— Son capitaine. Je l'avais vu assez à la caserne. C'était un imbécile, il aurait pu les mettre ailleurs.

— Mais il était là avec eux...

... Le capitaine était sorti du rang. C'était un gros bureaucrate, le ventre rond sur des jambes courtes et faibles. La figure rubiconde, avec une maigre moustache sale, comme du crin de cheval de bois. Il n'avait pas l'air rassuré, ce matin-là, lui qui devait prendre sa retraite en octobre. Dès la première rafale, il fut balayé, les quatre fers en l'air.

Un jour, je lui avais demandé une permission de
théâtre pour aller aux Ballets Russes : « Ah, c'est vous,
l'étudiant. Vous n'avez pas besoin d'aller au théâtre.
Est-ce que j'y vais, moi ?... » Comme tous ceux qui
étaient sortis du rang, il détestait les petits bourgeois
pistonnés dont il y avait quelques douzaines dans ce
régiment de Paris.

— J'ai vu Claude, là, le matin, vers six heures et
demie, sept heures, à cet endroit, un instant.
— Mais avant, vous aviez vu Claude ?
— La veille, une seconde. Parce que lui s'était déjà
battu.
— Et vous ?
— Non.
Je lui expliquai tant bien que mal. Comme si la
Nature favorisait mon penchant contemplatif, ma
section avait été désignée pour garder le convoi régimentaire (contre qui ?). En sorte que, quelques-uns,
nous étions restés bien en arrière, tandis qu'une partie
du régiment était engagée du côté de Charleroi —
mollement d'ailleurs, et, sans subir de pertes, tout de
suite retirée du combat.

... Il s'était trouvé que nous avions stationné très
longtemps sur la route assez déserte, en haut d'une
côte.
J'avais eu une certaine satisfaction à ce contre-
temps, moi qui, un peu plus tôt à Paris, ne pouvait plus
attendre plaies et bosses, et demandais à partir dans
les tirailleurs algériens au Maroc. Mais ma satisfaction
n'était pas tant d'éviter les coups que de paresser et de
regarder encore un instant.
J'avais vu, et j'avais froncé les sourcils.
Du haut d'une colline, j'avais vu l'armée française
déployée dans la plaine sous de vagues canonnades
comme une vieille anecdote, oubliée longtemps par le

Temps et soudain reprise par lui pour être sévèrement liquidée. Cette armée qui déployait partout ses rubans bleu et rouge rappelait les tableaux de bataille peints vers 1850. Archaïque, ahurie, prise en flagrant délit d'incurie et de jactance, essayant vaguement de crâner, pas très sûre d'elle. J'avais vu passer des généraux, l'air triste, suivis de cuirassiers, conçus par leurs pères pour mourir à quelque Reischoffen. En face, on ne voyait rien, les Allemands se confondaient avec la Nature ; je trouvais que cette philosophie avait du bon. J'avais vu aussi un commandant d'artillerie, avec un vieux capuchon, ployé sur son cheval et qui avait déjà perdu ses batteries. Je me rappelais mes lectures de Margueritte et de Zola. Ça m'avait tout l'air d'une édition revue et augmentée de 1870. Je me rappelais le pessimisme de mon grand-père qui avait vu la Commune, fermentant sur Sedan ; et la vantardise revancharde de mon père me tournait sur le cœur. J'oubliais que j'avais suivi les retraites aux flambeaux de Millerand et de Poincaré.

Comme j'étais au bord de cette route, vers le soir, quelqu'un était arrivé du gros. C'était Barbier, le secrétaire du colonel. Il apportait des ordres au convoi. Je me précipitai sur lui.

— Eh bien ?

— Ça va mal.

— Ah, ça va mal.

Je tombais tout naturellement dans l'idée que ça allait mal. Affaire de caractère. Et puis on m'avait toujours dit que ça allait mal du côté français, depuis que j'étais né.

Le sergent Gujan avait vu la figure que nous faisions, les deux bourgeois. Il nous détestait. Une vieille méfiance jacobine s'était aussitôt éveillée en lui. Je m'en allais répétant : « ça va mal ».

— Vous voulez vous taire, me dit-il rudement.

Qu'est-ce qui m'a foutu des types pareils ? Vous avez déjà la frousse.

J'avais été très étonné de cette réprimande. Et aussitôt, me retournant comme un gant, je lui avais donné raison, à ce sergent. Ah oui, il me connaissait bien ; il m'avait vu à l'œuvre pendant l'hiver à la Pépinière : j'étais un bourgeois frileux, tire-au-flanc et pessimiste.

Je regardais Gujan avec envie et méfiance. Plus large que long, avec son buste énorme posé sur de petites jambes tordues, ce manœuvre bordelais me sembla dans une seconde instinctive, comme un dangereux garde-chiourme.

Plus tard, le long du convoi avait reflué le régiment. Je l'avais regardé avec une curiosité anxieuse. Le régiment avait dans les yeux quelque chose de nouveau, d'étrange ; il était soucieux, un peu égaré. A peine engagé, tiraillant au hasard dans les bois, en face d'un ennemi impalpable, on l'avait retiré aussitôt. Et il s'était laissé faire, le régiment. Claude passa près de moi.

Je l'appelai. Il me regarda et me fit un grand geste qui voulait dire :

— J'ai vu. Tu ne sais pas ce que c'est. Haaa...

Son geste était exalté et impuissant. Il y avait entre lui et moi la distance d'un mort à un vivant ou d'un vivant à un mort.

Le soir, comme nous n'avions pas combattu, nous avions pris la grand'garde, en avant du bois...

— Quand vous êtes passé près de lui, vous ne lui avez pas parlé ? s'exclame Madame Pragen.

— Non, vous comprenez...

Comment lui faire comprendre ? Sans doute, dans nos yeux à tous deux, une lueur, le souvenir de notre amitié de Paris avait paru. Mais la pauvre lueur n'avait rempli que l'espace d'une seconde.

— Mais après ?

— Après ? Nous sommes restés des heures à attendre. Les Allemands n'en finissaient pas d'arriver.

— Eh bien ?

— Oh, nous n'étions pas loin l'un de l'autre.

— Eh bien ?

— Mais, Madame on ne se promène pas comme ça...

... La vérité, c'est qu'aucun homme ne pensait plus aux autres, ni à lui-même.

Car, plus tard dans la journée, quand j'ai fait des mouvements pour tour à tour sauver ou perdre ma peau, ce n'était pas moi dont il s'agissait ; je n'étais que réflexes. Un réflexe, c'est un des grands principes de la vie qui s'impose. Il ne s'agissait pas de ma petite personne, mais de principes. Réflexes croisés, principes contradictoires : « Un homme est fait pour vivre » et : « Un homme est fait pour mourir. » « Quand il n'y a pas de chef, il faut qu'il y en ait un » et : « Je ne veux pas de chef. »

Et puis, pendant ces heures d'attente, nous étions engourdis.

Ce début de guerre, comme ç'avait été lent. Il semblait qu'on ne se décidât pas. En tout cas, les Allemands n'avaient pas l'air pressé. Nous les avions attendus longtemps.

J'étais resté très longtemps couché dans mon chemin creux, parmi mes camarades. J'avais mangé du pain froid avec un peu de confiture dessus — et pour la première fois de ma vie bu un coup de gnôle. J'avais sommeil, n'ayant guère fermé l'œil de la nuit à la lisière du bois, regardant brûler les villages au loin, écoutant un immense et mystérieux charroi. Qu'était-ce ? L'armée française en retraite, l'armée allemande marchant en avant, les Belges quittant la Belgique. Et puis il y avait cette lampe électrique mystérieuse qui se promenait dans un champ devant nous et qui nous intriguait tant. Un imbécile avait dit gravement :

« C'est un espion. » Ç'avait été la première nuit de ma
vie que je passais en plein air. Besoin de remuer toute
l'Europe pour ça ? Qui sait.

Maintenant, j'avais sommeil. Le sommeil fermait
mes yeux qui se rouvraient, ne voulant pas rater ce
début. Le canon qui s'était tu toute la nuit commençait
à tonner à droite et à gauche. Avec mon harnais sur le
dos, avec toutes ces annexes de cuir et de fer, j'étais
couché dans la terre. J'étais étonné d'être ainsi cloué
au sol ; je pensais que ça ne durerait pas. Mais ça dura
quatre ans. La guerre aujourd'hui, c'est d'être couché,
vautré, aplati. Autrefois, la guerre, c'étaient des hommes debout. La guerre d'aujourd'hui, ce sont toutes les
postures de la honte. Je me disais, que je devais être
ému, que c'était là un moment solennel, avant le
combat. Mais déjà, j'avais pu m'émouvoir la veille, et
pendant la nuit. Et j'étais engourdi de sommeil.

Et l'on est toujours déçu par les solennités attendues.
L'avais-je assez rêvé, ce moment-là. Mais, au fond, je
n'avais jamais cru que ce moment rêvé pourrait se
produire dans ma vie. Enfant, j'avais rêvé d'être
soldat, mais quel rêve c'était ! Quel rêve imbécile et
vide de tout contenu ! L'homme moderne, l'homme des
cités est rongé de rêves du passé.

Pourtant les hommes ne rêvent que ce qu'ils dési-
rent. Si j'avais rêvé, j'avais désiré être là. Eh oui, moi,
pauvre intellectuel confiné dans les bibliothèques,
j'avais rêvé de prolonger dans la vie mes mois de
vacances, mes mois de sauvagerie sur les grèves bretonnes. J'avais rêvé de courir le monde, d'entraîner les
hommes dans des actions, de détruire des empires et
d'en construire d'autres.

Mais, ce matin-là, dans mon demi-sommeil, traversé
d'inquiétudes, de pressentiments, d'élans obscurs, je
me doutais que mon désir d'action s'était pris à une glu
bien grossière et bien trompeuse, quand je l'avais
confondu avec l'amour de la guerre. Quelle ressem-

blance entre mes rêves d'enfance où j'étais un chef, un homme libre qui commande et qui ne risque son sang que dans une grande action et cette réalité de mon état civil qui m'appelait, veau marqué entre dix millions de veaux et de bœufs ? L'immense foire en ce moment, au soleil d'août 1914, sur une aire immense et circulaire autour de l'Europe, achevait de rassembler le bétail le plus héroïquement passif qu'ait jamais eu à prendre en compte l'Histoire qui brasse les troupeaux. Les bouchers allaient entrer et un vague soupçon me secouait dans mon sommeil ; ce couloir de Chicago, ce n'était pas la carrière de gloire dont pourtant avait besoin l'orgueil de ma jeunesse.

Je dormis par intermittence. J'étais couché non loin du lieutenant qui commandait ma section, un jeune notaire normand, rougeaud, avec une certaine tenue anglaise. Il avait une lorgnette de théâtre. Il fouillait l'orée du bois en face et la plaine à droite. Les hommes autour de nous somnolaient assez inconscients, vaguement inquiets. Je n'avais pas de vrais camarades. Celui qui était caporal avec moi, un réserviste, un paysan de Falaise, était méfiant et un peu louche. Je n'attendais de lui rien de bon dans le combat. Presque tous ces paysans, alcooliques, dégénérés, maladifs, avaient mal supporté nos longues marches, moins bien que moi, le mince bourgeois intellectuel, entraîné par mes longues courses solitaires sur les grèves malouines.

Vers dix heures, je me réveillai décidément. Le canon tonnait plus fort, tantôt plus loin, tantôt plus près. Il ne va peut-être rien se passer. Ce n'est peut-être pas pour aujourd'hui. Peut-être qu'ils sont battus ailleurs et qu'ils s'en vont.

— Vous ne les voyez pas ? demandai-je au lieutenant. Tous les deux, bourgeois, nous nous étions rapprochés machinalement, mais le sergent Gujan, de loin en loin, se soulevait pour me jeter un regard méfiant.

— Non, mais... ça ne va pas tarder.

Je soulevai ma tête aux yeux chassieux, aux oreilles
remplies de cire, ma tête tondue de jeune forçat au-
dessus de cette motte de terre qui, depuis le matin,
avait fait tout mon horizon. Campagne tranquille et
vide. Une ferme de briques, là-bas, son pigeonnier. Et
plus loin les bois calmes d'où rien ne sortait, où peut-
être il n'y avait rien. La somnolence recommençait de
tourner en moi ; il ne se passera rien, il ne se passera
rien. Quel joli soleil. Cette artillerie lointaine, c'est
toujours le rêve.

— Ah, les voilà.

Le lieutenant se dressait sur le talus. Je le regardai
avec envie, puis j'écarquillai les yeux.

— Ils commencent à sortir par petits paquets.

Un léger brouhaha se répandait parmi nous. Je me
retournai pour voir s'animer les lignes couchées du
régiment. Tiens, là-bas, derrière la meule, c'est le
commandant du Tillet. Il me plaisait, celui-là. Roux,
trapu, bien portant. Près de lui, Luc de Rabutin, le
champion d'aviron, qui connaissait si bien la poésie de
la Renaissance, son agent de liaison. Tout de même, il
y avait quelques types, et je voyais autour de moi, des
visages soudain attentifs, fidèles, bien agglutinés
ensemble, au ras de la terre.

L'événement retardé se précipitait soudain.

— Hausse à huit cents mètres.

Je maniai ce fusil avec lequel j'avais si peu tiré, que
je savais à peine démonter, me faisant toujours aider
de mon tampon. Les rares fois où j'avais tiré, ç'avait
été comme un cochon, méprisé par tout le monde. Je ne
leur ferais pas de mal aux Allemands. J'entrais dans la
guerre comme un civil, ayant été si peu soldat dans
cette garnison de Paris, dans cette armée si peu
militaire, parquée dans les casernes. Nous ne connaissions que l'exercice imbécile dans la cour et la théorie.
Nous ignorions le service en campagne. Nous étions là,

immobiles tout l'hiver, calfeutrés comme les épidé-
mies. Au printemps, le régiment s'était un peu remué.
Mais je fuyais une gymnastique sans imagination. Je
n'aimais que les marches où je tombais dans le rêve. Et
pendant tout ce temps, j'oscillais entre mon nationalisme théorique d'avant l'armée et ma pratique de
défilage, de lâchage, me défendant minute par minute,
m'enfouissant dans les songes ou sortant un livre de
ma poche aussitôt que je pouvais, alors que pourtant
j'étais choqué par des procédés voisins chez les autres.

Certes, je n'étais pas à ma place, mais je ne profitais
pas de la place où j'étais. Après tout, c'était une
occasion d'apprendre à me servir de mes mains. Il est
vrai que j'avais un peu appris à connaître le peuple.
Car, malgré moi, mes yeux regardaient, mes oreilles
écoutaient. Oh, ça n'avait pas pu aller loin cette
expérience dans le cadre truqué de ce régiment de
Paris. Les gens du peuple : des paysans abrutis, des
ouvriers tous sournoisement embourgeoisés. Les officiers ? Sortis du rang, c'étaient des ronds-de-cuir qui
attendaient leur retraite ; autres, ils étaient honteux et
sans espoir et ne savaient que faire de cette démocratie
passive et rechignée.

Gardes, revues, gardes. A un moment, je n'espérai
me sauver qu'en allant plus bas : je demandai à passer
dans les tirailleurs au Maroc. Comment aurais-je pu
vivre au milieu de ces brutes ? En dépit de l'expérience
qui me tenait, en moi l'être subjectif, bourré de
lectures et d'irréel, continuait de loin en loin à faire des
gestes de théâtre.

J'avais gardé mes mains propres. Je ne connaissais
pas l'astiquage ni le ravaudage, je n'avais fait qu'une
fois de l'escrime à la baïonnette.

Avec ma baïonnette, qu'est-ce que je ferais avec ma
baïonnette, devant un Allemand ? Rien du tout. Je ne
m'étais jamais battu, pas même avec mes poings. Je
n'avais jamais soulevé un fardeau. Je n'étais pas un

homme du peuple, un homme de main, ni un sportif. J'avais un peu marché, couru ; l'aviron, sur la Seine, m'avait mis aux paumes quelques ampoules. Mais tout cela était une préparation de femmelette. Alors je me ferais enfiler par le premier venu ? Non, pas si bête, j'aurais toujours mon fusil chargé. Mais quand il serait déchargé ? Sans doute serais-je mort avant. Et puis, j'avais cette merveilleuse confiance dans mon corps d'ange.

— A mon commandement. Feu.

Nous avions ordre de faire des feux réglés pour briser net la sortie allemande du bois en face. Mais, au bout d'un moment, on ne s'entendait plus. Et les hommes affolés se mettaient à tirer n'importe comment, ne voyant ni ne regardant rien.

— Bravo, ils rentrent dans le bois.

Ils avaient donc reçu nos balles. Mais alors, ce n'était pas si difficile. Nous nous mîmes à pétarader avec arrogance. Pendant quelques minutes.

Zing, zing. La guerre idéale, qui ressemble à la chasse, que nous avions commencée — nous, tirant sans qu'on tire sur nous — n'avait duré que cinq minutes.

Les Allemands se mettaient à tirer.

— Ils ressortent. Ils avancent en tirailleurs. Les uns tirent, les autres avancent.

Les balles sifflaient. On se terrait ; mais on n'avait pas trop peur, car personne ne serait touché. On tirait au jugé, de mal en pis.

Zing, zing. On écoute, on se rappelle les histoires. Il faut se persuader, car on a de la peine à le croire, que la mort ce soit ces mouches. Petits cris, petites chansons. D'abord farceuses, amusantes. Ensuite coquines, sournoises. Mais bientôt cinglantes. Tout d'un coup en acier, tout d'un coup dures. Décidément, décidément... Tout d'un coup, on a peur et colère en même temps. Ah ! les salauds. Qui, les salauds ?

On se regardait, on faisait des mines, on entrait dans la chose à petits coups. Cette surprise que donne toute chose dans la vie. Ce n'est que ça. C'est désagréable ; mais ce n'est que ça. Plus rien à imaginer : on y est. L'âme s'évanouit effarouchée devant la réalité. Elle ne redonnera signe de vie que plus tard.

Dès les premières balles, je connus encore mieux le paysage minuscule, à ras de mes yeux, qui bornait désormais mon destin d'homme. Je ne connaîtrais plus le monde qu'à l'échelle du pissenlit. A jamais, à jamais enfoui dans la terre. Mon corps plaqué cherchait sous lui la tranchée qui n'était pas encore. Les balles autour de moi comme des clous m'enfonçaient dans le sol.

Les premières balles m'avaient trouvé encore engourdi ; mais je ne les avais pas trouvées trop dangereuses. Puis je les avais trouvées dangereuses. Puis je m'étais habitué.

Alors s'étendit cette période assez longue, pendant laquelle il y eut des alternatives. Par moment, j'étais le patriote qui avait lu des livres et des journaux. Mais à d'autres moments, j'étais cela que j'avais commencé à connaître à la caserne. Un zéro, une nullité, quelque chose de complètement dérobé. Un pleutre, moins qu'un pleutre, un zéro. Quant à l'homme, où était-il ?

A d'autres moments encore, de plus en plus nombreux, j'étais autre que patriote ou pleutre. Je m'échauffais. Adieu, le sommeil. Je me levais à demi, je me dressais à mi-corps au-dessus du talus. Et je tirais soigneusement, c'est-à-dire que je prenais un temps avant de lâcher chaque coup. Mais je ne savais pas où je tirais, car je ne voyais aucun ennemi. Et le lieutenant nous donnait des ordres confus ; il n'avait pas l'air d'être bien fixé sur la hausse.

Décidément, je ne pouvais plus tenir en place. Autour de moi, les hommes étaient très étonnés. Ils me regardaient avec inquiétude, car ils pressentaient tout de suite que ma lubie pouvait les mener loin. Mais

pourtant il ne leur venait pas de reproches. Je n'ai
jamais vu un homme reprocher à un autre d'être brave.
Ma bravoure les tirait à moi, leur arrachait quelque
chose. Ils ne pourraient rien me refuser de ce que je
leur demanderais. Les hommes ne peuvent rien refuser
à un homme qui porte loin et haut la nature. Et même
peut-être, au fond d'eux-mêmes, au fond de leur inertie
sempiternelle, ils n'attendent qu'un appel.

Il y en avait un surtout, un paysan, d'aspect assez
solide, pas trop alcoolique, roux, qui se plaisait à moi,
qui s'intéressait à ma crise, qui sortait aussi de ses
gonds pour me rejoindre.

Il répétait.

— Ah dis donc, tu t'en ressens.

Nous tirions ensemble.

Cela dura assez longtemps. Sans doute jusqu'à
l'heure du déjeuner que mangeaient là-bas à des lieues
les gens dans leurs maisons. Cela traînait et s'activait à
la fois. Les balles sifflaient de plus en plus.

Peu à peu, leurs nappes, filtrant autour de nous, nous
isolaient par paquets. Le régiment n'existait plus. Il
n'y avait plus que des petits paquets à droite et à
gauche, qui ne s'occupaient plus les uns des autres. Si
bien qu'ils se tiraient dessus...

... — J'ai revu Claude vers midi D'assez loin. Il était
à genoux, il tirait. Il avait l'air aveugle et désemparé.
Sans doute avait-il perdu son lorgnon.

— Ah, pourquoi ne vous êtes-vous pas occupé de
lui ?...

... J'avais d'autres chiens à fouetter. Tout d'un coup,
je m'étais encore plus violemment animé, j'étais tout à
fait entré dans la guerre. Il y avait une section derrière
nous, en contre-haut, qui, phénomène étrange aux
yeux de débutants, trouvait moyen de nous tirer dans
le dos. Du moins, un de nos hommes venait d'être

blessé à la tête et la balle semblait venir de derrière. Tandis que l'homme piaulait un peu, le lieutenant et les sergents pestaient, faisaient des gestes inutiles vers l'arrière, et ne prenaient aucune décision.

Je regardai d'abord curieusement cette petite scène qui se développait mollement, vaguement, qui n'en finissait pas.

J'entrais dans le vif de la guerre, dans le vif de la société, la question du commandement.

Nous étions là trente hommes dans un creux. Qui commandait ? Il y en avait qui avaient des galons, d'autres qui n'en avaient pas. Des professionnels et des civils. Il y avait ce lieutenant, un bourgeois, un civil. Il entrevoyait ce qu'il fallait faire, mais il aimait mieux ne pas le voir au point de devoir le faire. Et pour le sergent, le fait qu'il ne voyait rien, c'était sa pauvre force. Or, moi tout de suite je voyais clair — je savais — et je bouillonnais.

Tout d'un coup, mû par un ressort, je me dressai à demi à côté du lieutenant.

— Mon lieutenant, il faut prévenir le commandant derrière — pour qu'il nous change de place. Voulez-vous que j'y aille ?

Ce qui se passa alors, je ne m'y attendais pourtant pas. Le sergent Gujan, à côté de moi, crut que je voulais foutre le camp, tout simplement. Ce zèle d'intellectuel échauffé, il y vit une nervosité suspecte. Et il communiqua d'un regard sa méfiance au lieutenant.

— Mais il y a un agent de liaison. Je n'ai pas besoin de vous.

— Il ne revient pas. C'est un idiot.

— Mais vous allez vous faire tuer.

— Mais non, il faut faire quelque chose.

Le lieutenant, qui avait peur de remuer, ne pouvait attribuer mon envie de mouvement qu'à une plus grande peur.

Je le regardai en face, puis le sergent ; mon activité les fustigeait.

— Vous verrez bien, si je reviens ou non.

Le lieutenant, comprenant à l'intonation de mes dernières paroles que je les avais devinés, fut mis en infériorité et aussitôt voulut bien me faire confiance.

— Allez-y.

Je n'attendais que ce mot. Dieu merci, je partis sans réfléchir ni regarder. Je m'élançai à travers les balles, avec une étrange allégresse. Allégresse d'être seul et de me séparer, autant que de me distinguer des autres, par un acte surprenant. Et, sans doute, avais-je besoin d'agir pour ne pas tomber dans le marasme. Au fond, j'avais senti autour de moi l'accablement de toute cette médiocrité qui fut pour moi le plus grand supplice de la guerre, cette médiocrité qui avait trop peur pour fuir et trop peur aussi pour vaincre et qui resta là pendant quatre ans, entre les deux solutions.

Je courais maladroitement, avec tout mon harnais sur le dos, mon fusil à la main, me prenant les pieds dans les trous.

C'est alors que j'avais aperçu en passant Claude qui ne me vit pas et qui tirait, avec un ébranlement terrible de tout son être frêle au moment du recul. Il était pâle, surpris, égaré.

J'étais arrivé près du commandant. Comme nous étions tous changés. Dans un éclair, je revis la cour de la caserne de la Pépinière, à deux pas du boulevard, l'inspection du général. Charmant commandant, il prenait mal les cérémonies, il prenait mieux cette chose. Celui-là, il y avait pensé tout de même avant, il s'y était préparé ; il s'était dit que son métier, ce serait à un moment comme celui-là qu'il commencerait, et non pas dans les revues et bureaux. Mais pourtant, il était surpris et au fond déconcerté. Les modernes sont si loin de la mort, de la souffrance, de la nature. Or, la guerre, c'est une explosion de la nature : ces balles, c'est du minerai, sorti des entrailles de la terre, qui vous jaillit à la figure. Et c'est conjointement une convulsion de cette société, cette grosse bête qui semblait si tranquille. Et c'est votre rêve, mon commandant. Regardez votre rêve, mon commandant. A votre rêve du Moyen Age, élégant et assez propre (Voire ! Je ne sais pas si vous avez visité ce Moyen Age, mon commandant, comme moi, historien) s'est emmêlé diaboliquement le rêve d'un savant fou qui remue les poisons et attise tous les feux de l'Enfer.

— Couchez-vous, voyons, nom de Dieu.

J'étais là à faire le malin, à faire le salut militaire, debout.

— Couche-toi, nom de Dieu.

C'était Luc qui m'empoignait par ma capote. Sportif, il mesurait mieux la chose.

Je me rappelle bien le regard qu'ils m'avaient lancé, tous les deux. La même méfiance que dans l'œil du lieutenant et du sergent. Que lisaient-ils en moi ? Ma forfanterie leur semblait sans avenir. Il y avait quelque chose d'excessif en moi, qui leur annonçait le dégonflement. Une exigence aussi qui les alarmait. Enfin ils avaient le sentiment obscur que tout cela se passait dans ma tête et non là, à ras de terre.

— Bon, eh bien, dites-leur de se replier un peu à gauche, du côté du bois, là dans ce creux. Justement on va mettre là une batterie de 75, vous serez soutien d'artillerie.

— Bien, mon commandant.

Et, tout fier de moi, je repartis à travers les balles.

C'est alors que, soudain, je vis Matigot. Tué, bien tué, net, pâle, pur. C'était comme ça que j'imaginais que j'allais être tué, une balle en plein cœur. Matigot était garçon boucher, mauvais coucheur, joli cœur. Naturellement, la mort lui donnait de la noblesse. Matigot, le premier tué que j'aie vu. Si le cœur ne restait pas contraint par les convenances même au milieu d'une

bataille, je me serais arrêté au milieu des balles —
mais Rabutin se serait moqué de moi — et je me serais
couché sur Matigot, et je l'aurais embrassé. Matigot
m'a ému autant que ma mère morte.

J'arrivai sans encombres auprès de mon lieutenant.
Lui et le sergent, je les regardai dans les yeux, encore
mieux que je ne les avais regardés. J'étais le méconnu
qui triomphait. Mais malin, fin démagogue, j'éteignis
le triomphe dans mes yeux et j'eus l'air touché de leur
repentir, que j'avais rendu possible par ma modestie...

— ... Vous comprenez, Madame, j'étais agent de
liaison, dis-je assez fièrement à Mme Pragen, je courais
de tous les côtés et je vous promets que partout par ici
ça grêlait.

Mais comment leur faire comprendre que sur cette
campagne paisible, de nouveau couverte de javelles
immobiles, parcourue par des vaches ruminantes, il y
avait eu jadis un orage épouvantable, le tonnerre de
Dieu et la grêle de Dieu. Là-dessus s'étaient abattus
Dieu et le Diable et leur train. Leur chair ne sentait
rien, et la mienne les y aidait, se complaisant dans la
paix revenue, entrant en complicité avec cette terre
renfermée, la chair de ces vaches, de ce maire. Quant à
la chair de Mme Pragen, elle était toute subtilisée en
vanité sociale. Ah, la bonne herbe sous mon pied.

— Mais, enfin l'après-midi ? reprit Mme Pragen. Un
de ses camarades était venu me voir en septembre et
m'avait dit qu'on avait vu les Allemands le faire
prisonnier. A quelle heure était-ce ? Où étiez-vous ?

Par exemple, rêvais-je, c'est drôle, c'est le même
soleil. Le soleil de ce 2 juillet 1919 est le même que le
soleil du 24 août 1914. Un beau soleil rond, bien
chaud, bien ronflant qui semble bourré de combustible
pour l'éternité.

— Je vous ai toujours dit, Madame, que c'était faux.
Elle avait vécu, pendant plusieurs mois, sur une

légende, une de ces nombreuses légendes que, dans ces
premiers temps de la guerre, l'on forgeait à plaisir. Et
les gens du front y collaboraient assidûment avec les
gens de l'arrière. Les bons bougres ou les mauvais
bougres y trouvaient souvent leur compte, comme
dans ce cas. Le type évacué, quand il ne racontait pas
qu'il avait vu cent mille cosaques arriver au galop du
côté des Flandres, s'en allait trouver la riche Mme Pragen qui ne manquait pas de lui lâcher un ou deux louis,
s'il lui jurait ses grands dieux que son fils était
prisonnier et à l'abri en Allemagne. Là-dessus,
Mme Pragen mobilisait le ministre de la Guerre, le
ministre des Affaires Étrangères, le roi d'Espagne, le
Pape et tous les autres pour dénicher le fantôme du
pauvre Claude parmi les troupeaux ramassés entre
Charleroi et la Marne.

— C'était impossible, parce qu'il n'y a jamais eu de
contact entre les Allemands et les Français, ce jour-là,
du moins dans notre coin. Ce n'est que le soir qu'en
avançant, les Allemands ont ramassé par-ci par-là des
paquets de traînards ou de lâcheurs.

— Claude n'était pas un lâcheur.

— Non, certes.

J'eus l'hypocrisie de feindre la conviction pour dire
cela. Mais, après tout, qu'est-ce que j'en savais ? Certes,
au début de la campagne, Claude n'avait pas été un
lâcheur, bien au contraire. Mais ce jour-là, au cours de
cette journée profonde, infinie, n'avait-il pas comme
moi, comme nous tous vécu toute une vie ? Il y a des
événements qui épuisent tout d'un coup, dans une
épreuve essentielle, tous les possibles de notre être.
Quand je repense à l'homme double que j'ai manifesté
ce jour-là, je vois que tout mon caractère est sorti en
une fois, et qu'il est probable que je ne pourrai jamais
être autre que l'un des deux que j'ai été ce jour-là.
Comme j'avais été brave et lâche, ce jour-là, copain et
lâcheur, dans et hors le sens commun, le sort commun.

Certes, quelques jours avant la bataille, je l'avais vu, tout petit, pâle sous son hâle, le binocle en détresse, voûté et tendu, la main sur la couture du pantalon, supplier le colonel de ne pas l'évacuer. C'était au bord d'une route, pendant une pause. Le colonel, descendu de cheval, écartait ses grosses cuisses moulues. Des paysans belges regardaient, bouche bée.

— Mais, le major m'a dit que vous aviez les pieds en sang. Vous ne pouvez pas porter votre sac. Vous avez été dans les traînards toute la journée d'hier.

— Mais mon colonel, on va se battre.

Mais tout cela, c'était encore l'imagination de la paix. Qu'aurait-il fait avec sa baïonnette ? Absurdité de la levée en masse. Dans ma section, il y avait un type qui avait une orchite double et qui marcha trois jours avant d'être évacué. D'ailleurs, de le voir portant ses bourses comme un saint sacrement de douleur, me faisait penser dans les hallucinations de la marche forcée, à Richard Cœur-de-Lion qui, sur un livre de mon enfance, portait des têtes de Sarrazins attachées au poitrail de son cheval.

J'aurais bien voulu savoir en tout cas ce qu'était devenu Claude au moment de la charge.

Car il y avait eu la charge.

— Madame, vous permettez, je voudrais aller jusqu'à ce mur de briques.

Pendant tout ce temps, mes yeux fascinés revenaient toujours vers le mur de briques. Bien que Mme Pragen ne marchât pas vite sur ses jambes fragiles de Parisienne 1900 et bien que le maire fût un peu podagre, nous nous rapprochions à travers les barbelés neufs et les replis du terrain, de ce mur qui m'avait paru lointain et inaccessible.

— Ah, voilà la carrière.

Je m'étais arrêté pile devant un grand trou.

— Eh bien ! demanda Mme Pragen, impatiente.

— Eh bien, c'est là que nous sommes tombés, quand le régiment est parti à la charge.

— Et Claude aussi ?

— Je l'ai vu pour la dernière fois à midi, Madame, je vous l'ai dit. Je me demande s'il a fait la charge.

— S'il était vivant...

— Oui...

Mᵐᵉ Pragen continua à marcher, ne portant aucun intérêt à mon trou. Ce bienheureux trou, ce trou où ma vie s'était enfouie pour une métamorphose, ce trou où s'étaient passées de si drôles de scènes. C'était là qu'était morte, pour moi ou pour quelques autres, la charge fauchée par la mitrailleuse allemande. C'était là que le capitaine Étienne et Jacob s'étaient expliqués. C'était là que je m'étais expliqué avec le capitaine Étienne, et comment ? C'était là que pour moi la bataille avait tourné.

Mais Mᵐᵉ Pragen m'appelait d'un ton impatient.

— Allons à votre mur de briques.

Elle espérait quelque chose de ce mur de briques.

— Eh bien, ce mur de briques ? me dit-elle, braquant son face-à-main sur ce décor de théâtre fait pour les *Dernières cartouches*. Tout criblé de balles, encore, de nos balles. Il y en avait donc tout de même qui portaient. Eh oui, puisque plusieurs fois la mitrailleuse allemande s'était tue...

... Voilà. A côté du mur de briques, il y avait une espèce de grand pigeonnier, de vieille tour où les Allemands, malins, avaient installé vers midi une mitrailleuse. Pendant deux heures nous avions tiré sur ce réduit — et non seulement nous avec nos fusils, mais aussi nos mitrailleurs qui étaient à notre gauche, avec notre peu de mitrailleuses, poussives, si facilement enrayées, muettes pendant de longs moments mortels, mortels pour nous.

A deux ou trois reprises, à force de cracher les balles,

d'en jeter des pelletées, des pleins sacs, des tombe-
reaux, nous arrivions à écraser les Allemands qui
étaient dans le pigeonnier. Alors, pour les autres,
c'était le moment de l'héroïsme : il s'agissait de passer
devant le mur de briques pour aller relever les cadavres que nous avions faits. Les volontaires, en ce début
de guerre — et sans doute, à la fin y en aurait-il encore
— se poussaient comme une queue au théâtre. Beaucoup étaient appelés, peu d'élus. Il en est dégringolé
des ombres chinoises, sous mes yeux, sur ce mur. Et
une fois là-haut, les élus se transformaient peu à peu en
écumoires. Mais pendant le temps qu'ils survivaient,
ils nous faisaient bien du mal avec leur tir plongeant
qui farfouillait toute notre plaine régimentaire ; aussi,
nous ne souhaitions pas seulement les transpercer,
mais les déchirer, les déchiqueter.

Je me retournai, je regardai ces champs où nous
étions couchés. Je regardai le rebord du trou là-bas où
j'étais enfoui avec l'œil de l'Allemand qui d'ici me
visait là.

Avec le dédain d'un homme qui en avait vu d'autres,
je regardai aussi ce lieu qui avait été un champ de
bataille et où il n'y avait pas trace de bataille, si ce
n'est ces éraflures sur la brique. De la gnognotte, à côté
de Verdun. Ah, ces temps-là, la guerre, ce n'était pas
grand-chose. La guerre moderne avait pris son temps
et ses précautions pour nous habituer, nous apprivoi-
ser. Elle avait commencé modestement, sans taper
trop fort, sans grande complication. Pour l'entrée de
jeu, il n'y avait qu'un joujou délicat et assez propre, la
mitrailleuse. Aussi sur trois mille de notre régiment, il
n'y en avait eu que cinq cents par terre, ce jour-là. Et
pourtant, nous étions déjà effarés — nous qui ignorions
alors les mines et les grenades, les pilonnages et les
gaz, et la trahison de l'arrière.

Ce jour-là, l'artillerie fit plus de bruit que de mal. Le

matin, nous ne pensions pas à l'artillerie, à l'allemande. Du moment qu'elle n'était pas là, nous ne la
demandions pas. Pour un peu, nous aurions admis que
la guerre se fît sans artillerie. Mais elle arrivait par les
routes au loin ; elle mettait ses lunettes pour nous
chercher. D'abord, on n'en était pas très sûr. Un
sifflement par-ci par-là, une explosion, par-ci par-là.
Comme notre artillerie avait commencé avant la leur,
nous ne savions pas trop.

Mais un sifflement plus étrange et considérable
glisse au-dessus de nos têtes. Et vlan, une énorme
explosion derrière nous. Nous sommes tout secoués.
Ah ! la voilà, la guerre. Ce ne sont pas les hommes, c'est
le bon Dieu, le bon Dieu lui-même, le Dur, le Brutal.
Encore un sifflement. Cette fois-ci... Non. Mais... Mais
peu à peu la menace se rapprochait, se cantonnait,
s'installait. Ce n'était plus une menace, c'était le
danger lui-même, énorme, encombrant, plafonnant,
omniscient, omnipotent. Et puis ça se compliquait.
Long sifflement des percutants. Craquements des
schrapnells. Il y avait de la variété. Une variété
tourmentante, féroce, perverse. Le ciel se peuplait. Le
ciel, c'est l'enfer. Quel est ce train aérien qui vient de
passer, avec ce tintamarre de poutrelles et de roues ? Il
en sort une troupe d'assassins épouvantablement farceurs par qui nous sommes giflés, claqués, cinglés,
aplatis. Et toujours l'attente de l'explosion en plein
dans la viande.

Un cri derrière, ah, ce premier cri humain de la
guerre. Le régiment a été touché. Un groupe d'hommes
a été bousillé.

Nous avons bien mis une heure à nous habituer.
S'habituer ? Façon de parler ! On ne s'habitue à rien et
encore moins à ça. Moi du moins et quelques autres,
nous ne nous sommes jamais habitués. Mais la masse
qui aime sa misère, qui est toujours accueillante, pour
de nouvelles misères ? Enfin, ce jour-là, ce n'était pas

bien méchant, en comparaison de la suite, dans les années. La plaine restait une plaine, les champs restaient des champs. Il y a même une vache qui a bien vécu jusqu'à quatre heures de l'après-midi.

Quand même nos cervelles commençaient de sauteler.

L'armée commençait à se disloquer. Sous les premières fureurs du feu, ses parties se séparaient les unes des autres. Déjà elles se voyaient à peine ; bientôt elles ne se verraient plus. Et pendant quatre ans, leurs efforts et leurs souffrances s'en iraient, parallèles, sans jamais se rencontrer. Artillerie et infanterie se cherchaient et ne se trouvaient pas. Et les généraux étaient ailleurs. Déjà nous n'étions plus que des groupes perdus dans l'abominable solitude du champ de bataille moderne, chaque homme creusant sa tombe, seul devant un destin d'ailleurs pareil à celui du voisin car la nature, réglée par la science, travaille en série et ne cherche plus la fantaisie.

Nous envoyions déjà à l'artillerie des agents de liaison qui ne revenaient pas. Nous disions que nous étions abandonnés par notre artillerie, abandonnés par les nôtres. Nous commencions à nous plaindre de tout, car tout s'annonçait terrible — amis et ennemis. Nous renvoyions agent de liaison sur agent de liaison vers l'artillerie. Mais ils n'arrivaient pas, ou l'artillerie s'occupait d'autre chose. Ah, cette artillerie !

Depuis quelque temps, les choses se gâtaient pour nous. Les Allemands avançaient lentement, mais sûrement, et cela sans doute parce qu'ils se soutenaient de feux de plus en plus nourris. Nous nous persuadions que nous n'avions pas ou peu d'artillerie et que la leur était bien plus grosse. Ils avaient aussi plus de mitrailleuses.

En revanche, s'ils se faisaient entendre, ils ne se faisaient pas voir. Au milieu de la Nature, au ras de l'herbe, seuls nos pantalons rouges animaient le pay-

sage. Stupide vanité, consternante idiotie de nos généraux et de nos députés. Nous n'avions vraiment pas à
ce moment le sentiment que les leurs pourraient être
encore plus bêtes que les nôtres — du moins à quelques
moments.

Cependant l'arrivée d'une batterie de 75, au milieu
même de nos lignes d'infanterie, fit sensation. Ce
procédé hardi fut du meilleur effet sur nous et sur les
autres. Juste à ce moment-là, de nouvelles vagues
allemandes, plus épaisses, plus risquées sortaient du
bois. Et voilà le 75 qui commence un tir époustouflant.
Pan, pan, pan, pan, pan, pan. Six coups sur six javelles,
en rectangle. Chaque javelle saute avec un paquet
d'Allemands. Le lieutenant s'était mis debout au
milieu de nous et s'exclamait. Nous étions gagnés par
son exaltation. D'ailleurs, maintenant nous voyions de
nos propres yeux : c'était une guerre encore assez
humaine.

Oui, mais si nous n'étions plus sous le feu de la
mitrailleuse du pigeonnier, nous étions soutien d'artillerie. J'avais eu une jolie idée de demander le déplacement de ma section. Soutien d'artillerie, cela nous
faisait un bel avenir. Car si notre artillerie devenait
méchante, elle devait être punie.

Cela se fit attendre un peu, ce qui nous remplit d'une
suffisance erronée. Mais enfin la vengeance vint. Et
naturellement elle tomba sur nous et non pas sur les
artilleurs. C'est qu'aussi nos généraux fabuleux
avaient inventé une magnifique calembredaine, la
carapace. Cette calembredaine était une bien curieuse
tentative pour se défendre contre les fléaux modernes
avec un procédé romain. Donc, on se serrait les uns
contre les autres à quarante ou cinquante, en faisant le
gros dos. Et tous nos sacs côte à côte faisaient une sorte
de pavage à l'épreuve du schrapnell et de l'éclat, mais
point du percutant.

Donc, à deux pas d'une batterie avancée et bientôt

repérée, nous formions, selon la règle rédigée dans un bureau placide, un tumulus de viandes, toutes prêtes pour le hachis. Comme ça, les Allemands feraient quarante victimes d'un coup.

Pour ce qui fut de ma section, les Allemands tapèrent à côté, mais nous ne le sûmes qu'après, car, sur le moment chaque explosion voisine nous déchirait le cœur.

III

Madame Pragen était fort impatientée contre moi. Elle ne s'intéressait pas du tout à ce champ de bataille où maintenant je l'attardais.

Elle avait voulu, comme abstraitement, voir l'endroit où était mort son fils ; mais non pas l'endroit où il avait été tué. Elle ne savait pas ce qu'était la guerre et elle ne voulait pas le savoir. Cela faisait partie de ce domaine des hommes pour lequel les femmes ont si peu de curiosité. Seuls, les honneurs intéressaient Mme Pragen dans le domaine des hommes. Quelques images l'avaient frappée. Son mari était un grand homme d'affaires, il avait la Légion d'honneur, son fils était mort au champ d'honneur. Les femmes, quand elles cessent d'être sous la commande directe de leurs entrailles, pour une raison ou pour une autre, ne trouvent plus pour se guider que des images clichées qu'elles adorent avec plus d'abandon encore que les hommes.

Pourtant elle avait dû songer aux souffrances de son fils, essayé de se les imaginer.

Que pouvait-elle s'en représenter ? Voilà ce que je me demandais tout le temps avec une curiosité lancinante. Que sait-on d'une souffrance quand on ne l'a pas ressentie ? L'oubli, qui nous vient si vite après l'épreuve, vous donne à penser sur l'impuissance de l'imagination. Et pourtant, après ce combat, un mois plus tard, je lisais *La débâcle* de Zola et j'y trouvais plusieurs de mes sensations. Mme Pragen n'avait point pour les choses ni pour les hommes l'amour de Zola.

Quelquefois, j'avais essayé de l'interroger, ne pouvant me résoudre à la séparation entre les humains.

— J'espère qu'il n'a pas souffert, répétait-elle sans cesse.

Je sentais si bien qu'elle était arrivée à se persuader qu'il n'avait pas souffert, à se débarrasser ainsi de l'idée de sa souffrance, qu'un jour, révolté contre cette hypocrisie qui pourtant est le chemin de la Nature, car par là elle se défendait animalement — je m'écriai :

— Il a souffert peut-être, Madame.

Et elle me fit cette réponse :

— Il avait une si belle carrière devant lui ; il a dû souffrir de sacrifier tout cela.

Je regardais cette femme promener un face-à-main rapide et superficiel sur ce champ de bataille. Et je frissonnais de ce frisson que j'avais bien connu pendant toute la guerre ; aucune femme ne partage ma souffrance. Mais savons-nous ce qu'elles sentent, quand elles portent et accouchent ?

Pour être pressée, elle avait une autre raison ; elle voulait aller au cimetière où se trouvait une tombe qu'on supposait être celle de Claude. Abandonnant mon mur de briques, nous y allâmes à petits pas.

Le cimetière avait été aménagé par les Allemands dans le bois, le fameux bois où nous nous appuyions, où il nous semblait que nous serions si bien à l'abri. Charmant cimetière où se révélait le génie nordique. C'était un grand carré, discrètement tracé sous la futaie. Au milieu, une tombe isolée. Ils avaient laissé presque tous les arbres, beaucoup d'herbe autour des croix modestes.

Quelle paix ici. Voilà le mot banal qui me vint aux

lèvres, en entrant dans ce cimetière. Je fus saisi par le
contraste entre ce silence et le bruit effroyable d'où il
était sorti et qui de nouveau avait rempli mes oreilles.

Je savais bien pourtant qu'il n'y a pas de différence
entre la vie et la mort, que celle-ci, toute pétaradante
de gaz, est aussi active que celle-là et aussi bruyante.
J'entendais les explosions de la chimie au fond de ces
souterrains, de ce labyrinthe commun, où cinq cents
Normands et cinq cents Saxons — gens de même race,
sans doute : ô patries abusivement partagées — se
rejoignaient et se mêlaient.

Mais cette illusion de silence ne se prélassait pas
moins dans ce cimetière. Illusion de silence, de néant.
Pouvais-je céder à ce charme d'herbes douces et d'arbres rêveurs ? Non, car je me rappelais que, dans ce
jour de combat où la vie était si déchirante, je n'avais
pas souhaité ce néant qu'on souhaite communément
quand on souhaite la mort. C'est la bienfaisance de
l'action.

Et, d'ailleurs, aurais-je pu sentir ce que je ne peux
concevoir ? Tout ce qui en moi est pensée, c'est-à-dire
vie contractée, se rebelle contre cette idée de néant.
Pour moi la mort, ce n'est pas le néant, c'est la
continuation de la vie : enfer et paradis ne seront
jamais séparés.

Le seul moment où j'ai approché l'idée de néant,
c'est quand j'ai voulu me suicider. Quelques jours
avant la bataille, doutant de la bataille, j'avais regardé
mon fusil. Était-ce l'entrée du néant en moi que cette
douce et désolante volupté qui aussitôt baignait mes
membres, en regardant ce petit trou noir ? Non, ce
n'était que l'illusion cajoleuse du suicide. Avec le venin
de cette idée, l'âme sait se fabriquer un baume. L'idée
du suicide chez celui qui ne se suicide pas est un
baume amer ; après cette détente, il repart de plus
belle.

Et, me promenant sous les ombrages menteurs de ce

petit cimetière saxon, je pouvais aussi me rappeler le
moment où, courant vers ce bois, vers ce cimetière, je
reçus mon schrapnell dans la tête. D'abord je crus que
j'étais tué. Il y eut un gros choc, un silence en moi (mes
jambes continuaient à tricoter vers le bois) mais
aussitôt après, et ce fut comme dans l'instant même du
choc, je me dis : ah, quel bonheur ! Mais ce n'était pas
d'être débarrassé de tout cela, de ce feu insupportable,
de moi — mais d'être appelé à connaître. « Je vais
savoir ce qu'est la mort. » Voilà la pensée qui fulgura
dans mon cerveau. Pensée de haute et pure curiosité,
pensée métaphysique, réaction tout intellectuelle.

Sans doute en était-il ainsi parce que je n'étais que
légèrement blessé, que je ne sentais pas la mort sur
moi, et sa torture liminaire, qu'au contraire la blessure
me donnait des droits et des chances — qu'enfin et
surtout, je ne souffrais pas. Quand j'ai souffert à
Verdun, je n'étais pas comme ça, fichtre. Alors j'ai nié
le monde, — d'ailleurs, bien en vain. Mais de cette
révolte absurde, générale, devait sortir une révolte
plus étroite, plus précise, le moyen de vivre des
hommes qui ont mûri.

Mme Pragen se promenait avec son face-à-main dans
le cimetière. Charmant cimetière. Un léger vent faisait
bruire les arbres qui remuaient doucement et les
tombes de ce jeune cimetière étaient comme celles
d'un vieux cimetière ; les destructions de la bataille
faisaient le même effet que les destructions du temps :
la plupart étaient anonymes et donc abandonnées,
quelques-unes seulement fleuries. Trois de mes camarades des Sciences Politiques, comme moi embusqués
dans ce régiment de Paris, étaient couchés côte-à-côte.
Un seul obus les avait détruits ensemble. Le maire me
dit que leur chair tenait moins de place dans les
cercueils que leurs noms sur les plaques ; ces trois
cercueils étaient vides.

Il y avait là cinq cents Allemands contre cinq cents

Français. Somme toute, le 75 avait fait autant de mal
que mitrailleuses et artillerie lourde, et les pantalons
feldgrau n'en avaient point sauvé plus que n'en avaient
perdu les pantalons rouges.

Au milieu du cimetière, il y avait le général baron de
Z... « Bravo, Monsieur le Général, vous vous êtes fait
tuer comme au bon vieux temps. » Mais le maire
m'expliqua qu'il avait été assassiné d'un coup de feu
au ventre par un Sénégalais blessé qui traînait le long
d'une route, le soir, après la bataille.

IV

Qu'avaient-ils fait, ces mille hommes ? Qu'avaient-ils
fait ensemble ? Qu'avait créé leur effort commun ?

... Il y avait eu un moment, au milieu de la journée,
où dans cette armée inerte, vautrée sous le feu depuis
le matin et lâchant du feu comme en colique — il me
semblait que ma section en était la partie la plus inerte
— tout de même quelque chose avait remué.

D'où cela était-il venu ? D'ailleurs ou de nous-
mêmes ? Du commandement ou de notre propre vœu ?

Et d'abord, une rumeur s'était répandue à ras de
terre, à ras de visages. « C'était la victoire. On avançait
sur toute la ligne. Nous allions aussi avancer. »

Nous avions cessé de faire la tortue et nous étions
dispersés, toujours à plat. Des types arrivaient parmi
nous, venus on ne savait d'où, de régiments inconnus.
Un petit caporal, brun et plein d'entrain, vint se jeter
près de moi. Il était de la Saintonge, s'empressa-t-il de
m'expliquer. Nous nous regardâmes avec plaisir, avec
confiance. Nous nous reconnaissions comme des braves, comme de ceux qui sont le sel d'une armée. Et
chacun devenait encore plus brave en regardant l'autre. Et, si nous regardions autour de nous, notre

courage méprisait et menaçait toutes ces peurs qui s'aplatissaient sur le sol autour de nous. Nous commençâmes de comploter contre leur tranquillité — ou de prendre en pitié leur souffrance, née de l'inertie. Nous commençâmes de faire de la propagande pour la guerre et la victoire, pour une espèce de révolution. Une passion avait commencé de voler bas sur ces hommes couchés et isolés, chacun dans sa petite individualité battue et geignante, et de les fondre dans son ombre.

« Et puis nous en avons assez d'attendre, de subir. Ce n'est pas drôle de se faire tuer. Et quand on ne tue pas, on est deux fois tué. Les Allemands, ils avancent, eux ; ce sont des hommes comme nous. Pourquoi serait-on battus ? Il vaut encore mieux être vainqueurs. On va avancer. Le commandant dit qu'on va avancer. Le commandant est un petit trapu, un petit rouquin, un petit rigolo. Avec lui on peut y aller. » Il est des discours comme Tacite le dit, même à ras de terre ; les phrases décisives rampent et font leur chemin.

Rassemblement de la section, là autour de l'arbre. « Fini, le soutien d'artillerie. Ils n'ont pas besoin de nous. Ils travaillent bien, les artiflots, il faut les voir en bras de chemise. Baïonnette au canon. Il faut enlever ce moulin, ce pigeonnier-là devant, il faut embrocher ces salauds du pigeonnier.

« Quoi, on est un tas d'hommes, là, tous copains. Ça existe, le régiment, ils nous l'ont assez dit ; en tout cas, ça va exister. Si on les attend pour marcher. Le colonel, le drapeau, tout ça des blagues, et la musique et les chevaux. Mais il y a un certain nombre de types qui ont des couilles, ça c'est le régiment, c'est le groupe, le régiment quoi — et le reste suit. »

Quelques officiers et quelques soldats.

La plaine, la plaine plate sous le soleil, la plaine écrasée sous la grosse volée allemande, grosse chose accourant du Nord, par-dessus le flot de balles déferlant sans arrêt ; et cette foule éparse ; et ces vagues sentiments, ces sensations aiguës ; cette dispersion, ces hommes livrés à eux-mêmes — tout d'un coup, nous soulevant, prêts à bondir, nous regardions cette plaine d'un peu plus haut.

Il y a la nécessité ; il fallait que se passât quelque chose. Alors, il y eu ce ramassement vers 2 heures de l'après-midi. On en avait assez, on voulait faire quelque chose, puisqu'on était là.

« Alors on y va ? Mais oui, on y va. Tu y vas ? Oui, j'y vais. On y va. Et les autres ? Ils y vont ? Hé, là-bas ! Qui commence ? Il n'y a tout de même pas de raison que l'un parte plutôt que l'autre. Et on est si peu. Où sont les autres ?

« Il faut que quelqu'un... On a besoin de quelqu'un. Il faut que quelqu'un se lève le premier, il faut que quelqu'un fasse que la chose soit. Quelqu'un. Celui-là là-bas qui se lève à demi ? Non, il se rencogne. Alors qui ? Quelqu'un, voyons. Pas moi, toi ou lui. Moi, pauvre soldat, pourquoi moi ? »

J'écoutais d'abord inconscient la rumeur. Et puis soudain. Ah mais, il y a moi. Après tout, il y a moi. Je me rappelais qu'il y avait moi. Ne m'étais-je pas occupé de moi, autrefois ? N'avais-je pas senti quelque chose remuer en moi ? N'avais-je pas senti quelque chose gonfler, chauffer, battre contre la paroi ? C'était mon moi.

Qu'est-ce que j'avais senti, quand on avait déclaré la guerre ? La libération de la caserne, la fin des vieilles lois, l'apparition de possibilités pour moi, pour la vie, pour de nouvelles lois, toutes jeunes, délurées, surprenantes. C'était si beau que ça m'avait paru improbable. Et j'avais douté. J'imaginais que toute cette mobilisation européenne n'était qu'un bluff et qu'épouvanté de l'énorme appareil qu'on mettait en mouvement, on s'arrêterait après un simulacre de grandes

manœuvres européennes, avant d'en venir aux coups.
Et si l'on en venait aux coups, je pensais encore que les
grandes masses échapperaient au commandement,
tourbillonneraient sur elles-mêmes et se dissiperaient,
faute de munitions et de provisions. Et qu'enfin les
gouvernements, faute d'argent, tireraient bientôt la
langue. J'avais parié là-dessus et promis de payer à
mes camarades trois bouteilles de champagne si seulement le régiment quittait ses casernes.

Bientôt, j'avais dû me rendre à l'évidence : on se
battait. Aux premières nouvelles de combats en Russie
et en Alsace, mon espoir avait rebondi.

Mais les marches et contre-marches à la frontière
belge m'avaient écœuré. Cet écœurement, par-dessus
un lot d'ennuis personnels et par-dessus la mélancolie
éternelle, m'avait amené près du suicide, ce suicide
auquel j'ai déjà fait allusion. Le 20 août, nous venions
de faire de grandes marches à travers l'Ardenne.
J'avais plus senti l'ennui que la fatigue. J'étais séparé
de mes habituels amis bourgeois, dispersés dans les
autres compagnies. La souffrance partagée ne m'avait
pas encore obligé à frayer avec les paysans et les
ouvriers, et aussi à découvrir les vrais chefs. A peine
s'esquissaient des sympathies et des antipathies nais-
santes. Nous errions encore aux lisières de l'expérience. Aussi tous les fantômes de la non-expérience
revenaient-ils sur moi. Tout en sueur, les épaules
meurtries par le sac, la bretelle de mon fusil me sciant
l'épaule (je ne souffrais pas des pieds dans mes brode-
quins bien graissés) — j'étais pourtant repris par le
vide spécieux de Paris. Chose surprenante, je donnais
créance au bruit fantastique qui circulait dans le
régiment. Nous étions un régiment de Paris, un régiment de parade : nous ne nous battrions pas. On nous
réservait pour l'entrée à Berlin. Avec mon pessimisme
naturel, j'accueillis cette bourde.

Mais tout cela n'était que prétexte. Mon impression

profonde, prophétique, était que la guerre, parmi ces
énormes troupeaux mobilisés, prenait pour moi un
tour peu prestigieux, où l'ennui de la caserne se
prolongeait implacablement. Je souffrais de ma position subalterne. Il me fallait partager avec des inconnus médiocres une aventure dont une minute j'avais
tout attendu et qui du fait de ce partage devenait
insipide. Mon mépris pour mes officiers, sous-officiers
et soldats, m'engagea, un beau matin, dans une grange
où la touffeur du foin entrait en moi comme une
grande fermentation chaude, à charger mon fusil.
J'étais seul dans cette grange. Les autres étaient en
train de laver leur chemise à la rivière. Mon tampon
lavait la mienne. Je me disais que j'étais seul dans le
monde comme dans cette grange. Mon meilleur ami
n'avait pas attendu la guerre pour mourir — dévoré en
quelques jours par une pleurésie — et Claude ne se
souciait pas de moi — et moi je ne me souciais pas de
lui. Je n'avais rien eu de la vie et je me demandais si
j'aurais grand-chose de l'agonie : je ne comptais plus
guère sur la gloire. Un frisson insidieux me tenait, dans
cette grange trop pleine de trésors odorants ; soudain
je ne pouvais concevoir aucun attrait à rien, à aucun
geste. Une seule chose me séduisait, ce petit trou noir
de mon fusil, ce petit œil crevé qui me regardait, la
ronde paupière d'acier du rien. Une peur atroce commençait à m'enlacer. J'avais posé sur une botte de foin
une petite lettre sentimentale à mon frère qui était
encore un enfant — ma mort me faisait peur pour lui —
je retirai ma chaussure, ma chaussette. Je tâtai ce fusil,
cet étrange compagnon à l'œil crevé, dont l'amitié
n'attendait qu'une caresse pour me brûler jusqu'à
l'âme.

　　Mon tampon entra et me regarda. Il suffit d'un
regard pour vous rattacher à la vie. Oh la bonne grange
et le visage quotidien de ce paysan.

Or, maintenant dans cette plaine je m'ébrouais. Toutes mes forces surgissaient à l'espoir. Et cet espoir, c'était que l'événement allait faire justice de la vieille hiérarchie imbécile, formée dans la quiétude des jours. Dieu allait reconnaître les siens ; cette plaine c'était le champ du jugement. La guerre m'intéressait parce que j'allais me faire capitaine, colonel — bien mieux que cela, chef.

Il y avait moi dans cette plaine vide. Me soulevant à demi, regardant de tous les côtés, je n'apercevais rien ; mais, me soulevant à demi, je donnai aux autres quelque chose à voir. On me vit, on me regarda, on m'appela.

Quelqu'un ? Moi. Il n'y avait que moi. Mais est-ce que cela ne suffisait pas ? N'était-ce pas immense ? Parlez-moi d'un tel subjectivisme.

Je me levai, tout entier.

Alors, tout d'un coup, il s'est produit quelque chose d'extraordinaire. Je m'étais levé, levé entre les morts, entre les larves. J'ai su ce que veulent dire grâce et miracle. Il y a quelque chose d'humain dans ces mots. Ils veulent dire exubérance, exultation, épanouissement — avant de dire extravasement, extravagance, ivresse.

Tout d'un coup, je me connaissais, je connaissais ma vie. C'était donc moi, ce fort, ce libre, ce héros. C'était donc ma vie, cet ébat qui n'allait plus s'arrêter jamais.

Ah ! je l'avais pressenti à certaines heures, ce bouillonnement du sang jeune et chaud — puberté de la vertu ; j'avais senti palpiter en moi un prisonnier, prêt à s'élancer. Prisonnier de la vie qu'on m'avait faite, que je m'étais faite. Prisonnier de la foule, du sommeil, de l'humilité.

Qu'est-ce qui soudain jaillissait ? Un chef. Non seulement un homme, un chef. Non seulement un homme qui se donne, mais un homme qui prend. Un chef, c'est un homme à son plein; l'homme qui donne et qui prend dans la même éjaculation.

J'étais un chef. Je voulais m'emparer de tous ces hommes autour de moi, m'en accroître, les accroître par moi et nous lancer tous en bloc, moi en pointe, à travers l'univers.

Tout dépendait de moi, toute cette bataille — et les batailles de demain, les révolutions de demain — pesait sur moi, me sollicitait, me suppliait, cherchait sa résolution en moi. Tout dépendait de moi. Il me suffisait de vouloir et tout se précipitait en un point, tout se réalisait, tout se signifiait.

Il me suffisait de me lever, de me lever sur le champ de bataille — et tous ces mouvements et ces plissements apercevaient leur sommet; tout ce séisme humain, voyant tracée sa ligne de faîte, y bondissait.

Je tenais dans mes mains la victoire et la liberté. La liberté. L'homme est libre, l'homme peut ce qu'il veut. L'homme est une partie du monde, et chaque partie du monde peut, à un moment de paroxysme, à un moment d'éternité, réaliser en elle tout le possible. La victoire.

La victoire des hommes. Contre quoi? Contre rien; au-delà de tout. Contre la nature? Il ne s'agit pas de vaincre la nature, ni même de la surmonter, mais de la pousser à son maximum puisque la puissance est en nous. Il ne s'agit pas de vaincre la peur par le courage — mais de fondre la peur dans le courage et le courage dans la peur, et de s'élancer à l'extrême pointe de l'élancement.

Qu'y a-t-il d'autre que cet élan? Cet élan avait-il un autre contenu que lui-même?

Pourquoi nous battions-nous? Pour nous battre.

Jeter ces Français contre ces Allemands, faire étinceler ces Français contre ces Allemands. Et réciproquement. (Toujours la réciproque. A chaque instant, je reste maître de la totalité.) La France et l'Allemagne existaient avec J.-C. La Gaule et la Germanie. Inchangeables, éternelles comme l'Égypte et Babylone. Incapables de vaincre, incapables d'être vaincues.

C'était l'éternelle bataille dans la plaine.

Nous n'avions pas de but ; nous n'avions que notre jeunesse.

Nous criions. Qu'est-ce que nous criions ? Nous hurlions comme des bêtes. Nous étions des bêtes. Qui sautait et criait ? La bête qui est dans l'homme, la bête dont vit l'homme. La bête qui fait l'amour et la guerre et la révolution.

Si nous criions : Vive la France ; eh bien, dans nos amours, nous avons appelé plus d'une femme. J'espère bien ne pas mourir sans avoir l'occasion de crier autre chose. Ce cri moins grand que nous. Mais pourtant il faut lancer un nom pour que la chose soit.

Je me suis donné deux ou trois fois dans des batailles — deux ou trois fois dans des lits. Je me suis donné. Je me suis donné, je ne puis me reprendre. C'est fini.

Maintenant je me rassurais sur mon triste passé, sur cette trouble matinée : je supposais que cette initiative avait commencé de poindre en moi, dès que j'avais été piqué par les premières balles. C'est bien ça, la réponse immédiate à la moindre incitation, mais faible d'abord, puis qui s'accumule d'heure en heure et qui devient la réaction énorme, débordante, excessive, perdue.

Réalité tendue qui ne peut plus s'abîmer que dans la mort, dans l'abîme de la mort d'où déferlent sans cesse les sempiternels rejaillissements. Avec mes hommes nous nous élancions le long de ce bois où la plupart d'entre nous seraient enterrés, dans ce bois devenu aujourd'hui, pour quelques années, un charmant cimetière.

J'ai senti à ce moment l'unité de la vie. Même geste pour manger et pour aimer, pour agir et pour penser, pour vivre et pour mourir. La vie, c'est un seul jet. C'est un seul jet. Je voulais vivre et mourir en même temps.

Je ne pouvais pas vouloir vivre, sans vouloir mourir. Je ne pouvais pas demander à vivre en plein, d'un seul coup, sans demander à mourir, sans accepter l'épuisement.

Je criais, je courais, j'appelais. Comme j'étais insolite. Comme ils me sentaient tous insolite. Mais de même que je m'étais reconnu, ils se reconnaissaient en moi. Aussi étonnés que moi — non, tout de même plus étonnés que moi. Mais bientôt, ils couraient, comme s'ils n'avaient jamais été que cela, des nobles. La noblesse est à tout le monde.

J'étais grand, j'étais immense sur ce champ de bataille. Mon ombre couvrait et couvre encore ce champ de bataille. Il y avait ainsi un héros, tous les vingt kilomètres. Et c'est pourquoi la bataille ne mourait pas, mais rebondissait.

Je criais, j'avançais. Je travaillais des bras comme des jambes. Avec mes bras, je ramassais les hommes, je les arrachais à la terre, je les jetais en avant. Je les tirais, je les poussais, je sculptais le bloc de la charge.

Je criais.

J'agissais.

Nous avancions par groupes, par paquets par-ci, par-là.

Des hommes étonnés se levaient. Étonnés d'être debout, d'être des hommes, ils se mettaient à courir, timides et hardis.

Nous avancions vers on ne sait quoi. Il n'y avait rien en face de nous.

Il n'y avait rien ni personne en face de nous. Personne ne se levait en face de nous.

Il y avait même un ralentissement du feu, un étonnement.

Ah, s'ils avaient fait comme nous (ou si nous avions fait comme eux, deux heures plus tôt). Alors nous nous serions vus, rencontrés, connus, heurtés. Mais ils restaient planqués derrière leurs flingues, leurs tapantes.

Nous ne nous sommes pas rencontrés. On ne se rencontre jamais. Ou pas souvent. En tout cas, on ne s'est pas rencontré dans cette guerre.

Et c'est là, c'est à ce moment-là, qu'a été la faillite de la guerre, de la Guerre dans cette guerre.

Les hommes ne se sont pas levés au milieu de la guerre — du moins tous ensemble. Ils n'ont pas surmonté, dépassé, ou plutôt poussé à fond. Ils n'ont pas jeté leurs armes — ces armes, cette ferraille savante, perverse.

Ils ne se sont pas rencontrés, ils ne se sont pas heurtés, enlacés, étreints.

Les hommes n'ont pas été humains, ils n'ont pas voulu être humains. Ils ont supporté d'être inhumains. Ils n'ont pas voulu dépasser cette guerre, rejoindre la guerre éternelle, la guerre humaine. Ils ont raté comme une révolution.

Ils ont été vaincus par cette guerre. Et cette guerre est mauvaise, qui a vaincu les hommes. Cette guerre moderne, cette guerre de fer et non de muscles. Cette guerre de science et non d'art. Cette guerre d'industrie et de commerce. Cette guerre de bureaux. Cette guerre de journeaux. Cette guerre de généraux et non de chefs. Cette guerre de ministres, de chefs syndicalistes, d'empereurs, de socialistes, de démocrates, de royalistes, d'industriels et de banquiers, de vieillards et de femmes et de garçonnets. Cette guerre de fer et de gaz. Cette guerre faite par tout le monde, sauf par ceux qui la faisaient. Cette guerre de civilisation avancée.

Personne n'a vaincu cette guerre. Eux, les Russes sont partis. Le pleur des soldats russes a dissous l'acier.

Il y a quelque chose de mauvais, puisque les hommes n'ont pas su vaincre cette guerre. Il faut que l'homme apprenne à maîtriser la machine, qui l'a outrepassé dans cette guerre — et maintenant l'outrepasse dans la paix.

Je criais — j'étais debout au milieu du champ de bataille. Je courais. Je trébuchais, je criais. Oh, cette blessure, qui m'est restée dans la gorge, du cri de guerre.

Ils couraient. Nous courions, nous trébuchions, nous tombions. Ah, nous n'étions pas fagotés pour courir et vaincre et combattre. Chargés d'habits, de bagages et d'armes. Fagotés en bureaucrates, en tartarins avec cet amas autour de nous d'ustensiles et de gros draps. Nous n'étions pas habillés en hommes. Nous ne pouvions pas vaincre. Encasernés, mal désencasernés, encore encasernés, nous ne pouvions pas vaincre. J'aurais voulu me mettre nu.

Et pourtant, je me relevais, je courais, je criais, j'appelais. J'appelais. J'appelais les Allemands et les Français.

Je me rappelle deux ans plus tard, en face de moi, ce grand diable d'officier allemand debout dans la tourmente, à Verdun, Fritz von X..., qui était debout, et appelait, et m'appelait. Et je ne lui répondais pas, je le canardais de loin.

Dans cette guerre, on s'appelait, on ne se répondait pas. J'ai senti cela, au bout d'un siècle de course. On a senti cela. Je ne faisais plus que gesticulailler, criailler.

Je n'avançais plus guère. Je trébuchais, je tombais. Ils trébuchaient, ils tombaient.

Je sentais cela. Je sentais l'Homme mourir en moi.

Les Allemands séduits par la facilité se remettaient à tirer. Et comment. Quelle dégelée de balles. C'est si facile de déchirer un centimètre de chair avec une tonne d'acier.

Je gesticulaillais, je criaillais.

Je trébuchais, je tombais.

Soudain, quelques-uns, les compagnons de cette

minute — à jamais compagnons dans l'éternité de
cette minute — nous tombâmes dans un trou.

Il fallait respirer, souffler. Pour mieux repartir ; car
on allait repartir.

Nous y sommes encore dans ce trou, nous n'en
sommes jamais repartis. Il y a eu un élan dans cette
guerre, mais il a été tout de suite brisé. Il n'a jamais
abouti. Trop inhumain cet élan, trop chargé d'acier et
trop battu par l'acier, se heurtant à une résistance trop
inhumaine. Notre charge mourait après la charge
allemande.

Au bout d'un moment — fut-ce une minute, fut-ce
une heure ? — nous prîmes conscience du groupe que
nous étions dans ce trou. On s'installa vite, on est vite
chez soi — une rue de village. On soufflait si bien qu'on
n'en sortait plus, qu'on s'installait. Il n'y avait presque
plus personne de ma section, de ma compagnie. Il y
avait le capitaine et quelques hommes d'une autre
compagnie, et puis le caporal de ce régiment inconnu,
et puis ce paysan normand, ce réserviste qui avait
prononcé le premier mot de ma gloire. Dans ce trou,
non seulement on était à l'abri des balles, mais à
l'ombre. Au-dessus, la bataille était dans un autre
monde, où régnait un soleil atroce.

D'ailleurs, l'artillerie allemande tirait en arrière, là
où nous n'étions plus. Avantage de se remuer.

Pourtant, nous nous remîmes à tirer. Et comme cela
nous gênait de garder nos baïonnettes, nous les rentrâ-
mes au fourreau. Autant dire que nous renoncions à
atteindre jamais les Allemands, les hommes, dans cette
guerre-là. Car si on ne les atteignait pas aujourd'hui,
on ne les atteindrait jamais. Et ceux d'entre nous qui
atteignirent cet ennemi inconnu et lointain, ce fut au
fond du cimetière.

Nous ne savions pas du tout ce qui se passait autour
de nous. Nous ne nous demandions pas si continuait la
charge ailleurs ; au fait, nous sentions qu'elle finissait

là, en nous dans ce trou, comme en eux à droite et à gauche.

A quel moment est-ce que j'ai commencé à changer d'avis sur cette bataille, cette guerre ? Commençai-je par me rendre compte qu'il y avait du vilain autour de nous ? Ou commençai-je par me dégoûter de cette armée qui n'avait pu maintenir son élan ?

Il y avait du vilain autour de nous. Quand on n'attaque plus, on est attaqué. Il se produisait un remue-ménage imperceptible sur le champ de bataille. Un déplacement lent mais sûr des forces. Les Allemands repartaient, gagnaient du terrain, devenaient toujours plus nombreux. Ils dominaient.

Ils dominaient le ciel et la terre. Ils envahissaient le ciel comme la terre. Ils remplissaient le ciel. Le ciel était à eux. Tout ce bruit énorme qui grossissait, qui gonflait, qui remplissait le ciel, était à eux. Ils avaient une énorme artillerie, une écrasante artillerie.

De notre côté il n'y avait rien ou très peu de chose. Une petite artillerie.

Ah, c'était bien ça. On nous l'avait dit. Nous n'étions pas prêts. Nous n'avions rien de ce qu'il fallait. Nous étions un foutu peuple. Tous ces députés, tous ces généraux. Les pantalons rouges et pas de canons. Et pas de mitrailleuses non plus. Les six pauvres petites mitrailleuses de notre régiment, elles toussaient ou se taisaient au coin du bois. Le 75 qui tuait autant d'Allemands que leur mitrailleuse tuait de Français, nous ne l'entendions plus.

La mitrailleuse du clocher contre laquelle nous nous étions élancés, elle était bien tranquille ; dans la constance définitive de sa fureur, elle triomphait. D'ailleurs nous ne la remarquions même plus. Elle était perdue parmi toutes les forces déchaînées sur nous. Qu'était-elle en comparaison de ce bruit énorme qui tombait sur nous ?

Car c'était surtout du bruit. On me l'a dit et je l'ai

compris après. Et les racontars des Allemands dans le
village, rapportés par le maire m'y confirmaient
encore — les 500 tués qu'eut mon régiment, ce jour-là,
les 500 Matigots ce furent les mitrailleuses qui les
firent au moment de cette charge, et non pas l'élo-
quence des canons. Les Matigots, les Matigots, de la
charge, bien fauchés, bien étalés en pantalon rouge,
avec leur baïonnette. Et notre Saint-Cyrien. Car nous
avions notre Saint-Cyrien avec sa plume et ses gants
d'Opéra. Où était le drapeau ? Mais où sont les dra-
peaux d'antan ? Et les clairons ? Et le colonel ? Et son
cheval ?

On nous l'avait assez dit. Mon grand-père me l'avait
assez dit. Farceurs du Second Empire, farceurs de la
IIIe. Et ma grand-mère, royaliste, qui crachait sur ses
princes, les lâches, bons à se faire guillotiner. Et mon
père qui crachait tous les jours sur la France parce
qu'elle n'était pas à Strasbourg. (Et maintenant, crachez, pères allemands, etc.)

Il commençait à y avoir du vilain autour de nous,
autour de notre trou. Les Allemands avançaient.

Je ne tirais plus avec la même ardeur que dans le
chemin creux. Je n'étais plus soldat ; j'avais été chef et
ça m'embêtait de redevenir soldat.

Et puis les balles étaient beaucoup plus drues
qu'avant.

A propos, avais-je vraiment menacé les Allemands ?
J'avais les gestes de l'orateur. Or chaque geste de
l'orateur est chargé de mort. Pouvais-je tuer ? Je ne
savais pas me servir de ma baïonnette, je n'avais pas
beaucoup de muscles. Et ne pouvant tuer, je devais
être tué. Mais je les avais assemblés autour de mes
gestes pour me faire une garde et j'en avais fait une
troupe autrement pénétrante qu'une baïonnette au
bout de mon bras débile.

Maintenant, tous ces types autour de moi commençaient à me dégoûter. Ou je me dégoûtais. Ils me

dégoûtaient de n'avoir pas mieux suivi — avait-il fallu
les tirer pour venir seulement jusqu'à ce trou ! — et, me
suivant, de ne m'avoir pas poussé. Et je me dégoûtais
de ne les avoir pas mieux tirés, d'avoir eu besoin qu'ils
me poussent.

L'artillerie faisait plus de bruit que de mal — bien
qu'au moral elle nous fît bien du mal — du mal pour
une bonne moitié de la guerre. Après, ça se renverse-
rait. Les pauvres Allemands finiraient sous l'acier
américain. J'ai vu ça en 1918 cette chère vieille
infanterie allemande crever décidément sous le flot de
l'industrie américaine. Ah ce tonnerre énorme, omnipotent, si bien installé, si sûr de lui. Dieu était avec
eux. Le vrai, le seul Dieu, ce vieux Brutal qui remue des
tonneaux dans son cellier.

Mais ça cinglait sérieusement autour de nous. La
crête devenait intenable.

Il n'y avait ni blessés ni tués dans ce trou, parce
qu'on ne s'exposait guère. Mais Jacob s'exposait.

Joseph Jacob. C'était un Juif. Un Juif comme on dit
Qu'est-ce qu'un Juif ? Nul ne le sait. Enfin on en parle.
Personnellement, il était pacifique pas très intrigant,
assez joli garçon, assez vulgaire, pas fin, pas intellectuel pour un sou. Boursicotier. Il avait un joli nez fin
avec des taches de rousseur.

Il en prit dans le ventre. Il dégringola du talus. Le
capitaine Étienne vint à quatre pattes, comme si le
talus n'était pas assez haut, près de Jacob.

Le capitaine de la 10ᵉ compagnie qui s'appelait
Étienne était chrétien. Qu'est-ce qu'un chrétien ? Un
homme qui croit dans les Juifs. Il avait un dieu qu'il
croyait juif, et, à cause de cela, il entourait les Juifs
d'une haine admirative. Il avait brimé tout le long de
l'année à la caserne de la Pépinière notre camarade ; il
ne voulait pas qu'il fût officier de réserve.

Depuis un moment, le capitaine Étienne regardait
Jacob. C'était effrayant ce que Jacob était français, il

voulait se faire tuer pour la France. Ils s'en sont donné
du mal pour les Patries dans cette guerre-là, les Juifs.
Le capitaine Étienne qui, ce jour-là, découvrait la
guerre et faisait des efforts désespérés pour ne pas
s'avouer qu'il ne l'aimait pas, reprenait quelque force à
ce spectacle. Quand il vit Jacob abattu et vert, il n'y
tint plus et vint le féliciter. D'ailleurs Jacob allait
mourir, et à n'importe quelles funérailles, les gens
éprouvent le besoin rituel de jouer une comédie. Leur
générosité sur la tête de celui qui meurt, c'est la
première pelletée de terre. Jacob, qui verdissait avec sa
balle dans le ventre, eut l'air enchanté. Après cela, il
criait « Vive la France » et nous encourageait au
combat.

Sur le sommet, je fus très excité par cet incident et je
me remis à grimper sur le parapet et à tirer, en
poussant des cris inarticulés.

Mais ça se gâtait autour de nous. Surtout à notre
gauche du côté du bois. Nos mitrailleuses s'étaient tues
définitivement. La mitrailleuse du clocher avait criblé
un à un tout ce qui chez nous pouvait porter le nom de
mitrailleur. Alors, les Allemands avaient pris pied dans
le bois. Et ils y avançaient. Ils seraient bientôt à notre
hauteur, ils nous dépasseraient ; ils nous prendraient à
revers, nous serions cernés.

Cernés, nous serions tués ou faits prisonniers. Ne
bougeant pas au fond de notre trou, la mort se
présentait à nous sous un aspect vil. Mais cette bas-
sesse c'était bien agréable : tout ce bruit cesserait.

Eh bien, alors que je commençais à être écrasé par ce
bruit, la peur, l'horreur d'être pris, me redressa tout
d'un coup. Une prison, c'est pire qu'une caserne. Or, au
moment de la guerre, la caserne m'amenait lentement
mais sûrement à l'idée de suicide.

D'ailleurs, je ne me posais même pas la question.
Aussitôt que je sentis la menace de la prison, je

commençai à m'agiter, à réagir violemment. Je me réveillai tout d'un coup.

Mais ce n'était plus le même réveil qu'avant la charge. Je ne voyais plus du tout le même univers. L'univers se resserrait et s'approfondissait dans l'idée de ma destinée, à moi. Il y a des hommes qui ont une destinée, à eux. J'avais cru à une certaine coïncidence entre mon élan et celui du troupeau. Mais maintenant je n'y croyais plus. Je ne croyais plus à la possibilité de réussir la représentation de la journée, ni celle des jours à venir. Ni pour les Allemands ni pour les Français.

On se bat pour exprimer quelque chose, pour représenter quelque chose, pour donner une représentation. Regardez les abeilles. Pourquoi vivent-elles ? Pour figurer. Mais cette représentation-ci était ratée.

Je rejetais le blâme sur la troupe. La troupe des acteurs s'est mal agrégée à moi, le protagoniste qui soudain est sorti de son sommeil et s'est avancé sur la scène ; le chœur n'a pas suivi. Et, en face, l'antagoniste ne s'est pas levé.

J'en avais assez, je m'ennuyais. Il ne se passait plus rien pour moi. J'avais envie de m'en aller.

J'étais fatigué, accablé. Peut-être avais-je faim. Je n'avais plus d'alcool à boire. (Est-ce que j'ai pissé, ce jour-là ? Chié ? Pas une fois, je n'ai pensé aux femmes dans la journée.)

Je ne voulais pas être fait prisonnier. Merveilleux prétexte pour s'en aller.

C'est ici que se manifeste la grande tentation. La grande tentation. Le diable me prend et me transporte au-dessus du champ de bataille. Tentation de l'orgueil. Le diable m'appelle au devoir des orgueilleux. Je n'accepte pas la totale fatalité de servir, d'être perdu dans la masse. Je veux rompre avec l'enchaînement dans lequel je suis entré. Je me montre délicat, je veux

choisir mon événement. Je ne dis pas : je ne veux pas
être tué ; je dis : pourquoi être tué ici plutôt que là ?
L'événement particulier dans lequel je me trouve placé
paraît trop petit, ridicule : j'en voudrais un autre. Ma
mort particulière, dans un coin perdu, me paraît
inutile et vaine. Et puis, elle se présente sous les
espèces par trop infimes et divisées, et ridicules et
haïssables, des individus avec lesquels je me trouve
agrégé. Pour moi, ma mort se présentait sous le
masque grotesque du capitaine Étienne.

Entendons-nous bien. Certes, il y avait eu un
moment avant la charge où, vautré contre la terre,
j'avais été plus bas que terre ; je m'étais surpris à
souhaiter d'être ailleurs, dans le giron de ma mère ou
dans une petite maison bien tranquille dans le Midi —
dormant douze heures et mangeant de bons biftecks et
étant, par exemple, garde-barrière. Mais quel que soit
mon penchant pour le self-dénigrement, voire le maso-
chisme, je ne puis assimiler ce moment-là, tout à fait
élémentaire, avec le moment où nous sommes. Ce
moment élémentaire ne pouvait durer ; et, en effet, il
n'avait pas duré. Il ne pouvait durer ; car à quoi ça sert
de sauver sa peau ? A quoi sert de vivre, si on ne se sert
pas de sa vie pour la choquer contre la mort, comme un
briquet ? Guerre — ou révolution, c'est-à-dire guerre
encore — il n'y a pas à sortir de là. Si la mort n'est pas
au cœur de la vie comme un dur noyau — la vie, quel
fruit mou et bientôt blet ? Donc, ce moment n'avait pas
duré. Il y avait eu la charge, depuis : je savais ce que je
pouvais, je m'étais composé. La charge m'avait définitivement sorti de ma torpeur du matin ; je ne pouvais
plus y rentrer ; je n'y rentrerais jamais. J'étais né à ma
valeur.

Toutefois mon activité, déclenchée, faisait un nouveau bond, passait dans un autre plan.

Attention, regardez-moi, hommes. Est-ce que je n'ai

pas flanché, à ce moment-là ? Car si j'ai flanché à ce
moment-là, je flancherai à d'autres.

Eh bien non, je n'ai pas flanché. Mais ayant fait mon
stage dans les rangs inférieurs — ayant tiraillé dans
toute la matinée parmi les péquenots, j'en avais assez,
je voulais être colonel. J'avais été colonel pendant une
demi-heure ; mais me voilà dans le trou retombant
sous la coupe du capitaine Étienne. Ça non.

Dans la prochaine guerre-révolution : colonel ou
déserteur.

Déserteur, garde-barrière, si vous ne pouvez pas me
faire colonel. Je ne serai pas deux fois victime d'une
mobilisation imbécile. Je ne veux plus être commandé
par le capitaine Étienne. Ayant fait un stage, évidemment, ayant fait un stage dans le rang.

Dans cette guerre d'hier, j'ai été méconnu ; mais je
me suis défendu contre les effets de la méconnaissance.
Voulant bien être tué, mais ne voulant pas devenir une
brute à attendre inférieurement d'être tué, j'en ai pris
et j'en ai laissé. Au front à mes jours, brave à mes
heures. Capitaine ou colonel une heure — quand il y
avait un remplacement ou un extra à faire — filocheur
beaucoup d'autres.

D'ailleurs, même étant colonel, je ne me priverai
sans doute pas d'être un déserteur par-dessus le marché, si l'ennemi revient.

Mais les millions de bonshommes qui restent ? Ceux-
là, hommes d'action, je vous les abandonne ? Ramas-
sez-les, comme ce jour-là — et quelques autres, par la
suite — j'en ramassai quelques douzaines pour les jeter
de force dans l'héroïsme. Dictateurs communistes ou
fascistes, je vous les abandonne.

« Ces millions de bonshommes qui restent, je vous
les abandonne, » dis-je.

Pourtant ! L'analyse de l'événement n'est pas épuisée. Tout cet ordre de considérations qui tourne autour
du point de la hiérarchie est enveloppé par un ordre

plus vaste. Quand je voulais me suicider, quand je voulais m'en aller après, il y avait en moi aussi l'Espèce qui se défendait. L'homme qui jetait son fusil, qui jetait avec horreur cette mécanique excessive, l'homme qui niait les gros canons et les sadiques mitrailleuses.

La guerre n'est plus la guerre. Vous le verrez un jour, fascistes de tous pays quand vous serez planqués contre terre, plats, avec la chiasse dans votre pantalon. Alors il n'y aura plus de plumets, d'ors, d'éperons, de chevaux, de trompettes, de mots, mais simplement une odeur industrielle qui vous mange les poumons.

La guerre moderne est une révolte maléfique de la matière asservie par l'homme. Comment vous défendez-vous contre un tremblement de terre ? En fuyant.

Mais ceci est une autre paire de manches. C'est à Verdun, que j'ai senti ça, vraiment, uniquement ; et je vous le raconterai une autre fois.

Ne mélangeons pas les questions. Il y a ici deux questions différentes : la question de l'homme sur le champ de bataille moderne, et la question du chef dans l'action. Je suis parti de Charleroi comme chef sans emploi et non comme homme.

Je ne pouvais partir comme homme, car je forme avec les hommes, l'Homme. C'est pourquoi je suis revenu souvent au front. J'ai refait et approfondi mon stage dans les ordres mineurs, dans le rang, dans la ligne — et alors, refusant d'être officier. Colonel ou soldat, mais pas lieutenant de réserve.

D'ailleurs ne vous y trompez pas, ce n'était qu'un détour de l'orgueil. Comment accepter d'être embusqué quand on peut dans le combat conquérir à jamais l'autorité ? Cela vaut le risque d'être tué dans un trou à vingt ans, sans avoir connu les femmes ni rien fait ni rien dit. C'est ce qu'ont compris Staline et Trotsky dans les combats obscurs d'autrefois, Hitler et Mussolini.

Moi je serai un témoin irrécusable.

Mais revenons à ce 24 août 1914, où je regimbais comme un beau diable contre la première apparition de la nécessité, les espèces grotesques et humiliantes — un capitaine moustachu, une France en pantalons rouges — qu'elle empruntait. Il faut savoir tuer le bon goût pour faire quelque chose : jeune bourgeois, je ne le savais pas encore.

Tout d'un coup, toute la bataille et mon aventure tournèrent autour du capitaine Étienne.

— Mon capitaine, nous allons être cernés, lui dis-je.

— Taisez-vous, me répondit-il, en regardant effrayé les deux ou trois hommes qui pouvaient m'entendre.

Un seul entendit et me regarda d'un air complice.

Le capitaine me considéra avec méfiance et haine. Sans doute que ma figure exprimait furieusement, ce jour-là, tout ce que je ressentais, choses menaçantes, insolites, et pas permises. Penser, au milieu d'un champ de bataille, avait-on jamais vu ça, avant ? Mais voilà, on avait mobilisé les intellectuels, mis dans le rang les difficiles.

Mais sur le plan de la bataille, nous nous comprîmes, le capitaine et moi.

« Il veut foutre le camp » se dit-il. Et moi, je me dis : « Il veut être fait prisonnier. » Avec notre malveillance naturelle, nous interprétions au pire ce qui aurait pu se formuler aussi : « Il veut manœuvrer » — « Il veut résister. »

Nous nous regardâmes un instant dans les yeux. Il avait une grosse moustache de sergent de ville — et en ce moment sans doute avait-il envie d'être sergent de ville, place de l'Opéra. Et moi j'étais un dangereux intellectuel, avec yeux fous.

— Mais, ils avancent dans le bois. Vous entendez, c'est eux qui tirent. Nous allons être faits, dans ce trou.

— Mais non, on va les repousser.

— Qui va les repousser ? demandais-je d'une voix suffisamment désagréable et avec un regard ironique, défaitiste.

— On va bien voir le danger, derrière.

Je regardais derrière. Qu'est-ce qu'il y avait derrière ? On ne voyait rien. Le commandant ? Le colonel ? Les généraux ? Où étaient-ils ? C'était déjà cette guerre, où on est trois dans un trou.

— Et puis, taisez-vous ? Tirez.

« Il y a du vrai dans ce qu'il dit, me dis-je, en revenant au talus. Si chacun raisonnait comme moi. »

Mais l'instant d'après, mon âme, qui en avait plein les oreilles, hurlait :

« Moi, c'est moi ; et moi je ne veux pas être fait prisonnier. »

J'allai vers l'extrémité de notre tranchée naturelle, du côté du bois. Il y avait là deux ou trois types blessés qui tiraillaient, qui tiraient vers le ciel avec l'espoir fabuleux que ça retomberait sur les Allemands.

Je leur criai :

— Les Allemands avancent, hein ?

— Tu parles qu'ils avancent. Ils nous tirent déjà par le côté. Et j'en ai vu.

— Ah merde ! C'est ce que je dis. On va être faits.

— Oui, on va être faits. Moi je m'en fous, je suis blessé.

Mais moi, je n'étais pas blessé.

Pourtant, j'avais encore des sentiments de solidarité pour ces compagnons de rencontre. Je revins vers le capitaine qui regardait tout d'un air hagard, un fusil à la main, debout au milieu de deux ou trois types assis.

Il regardait Jacob qui agonisait.

— Les balles arrivent déjà par le travers. Dans cinq minutes, ils vont nous tirer dans le dos. Il faut s'en aller.

Je lui dis ça brutalement, en pleine figure. Il leva son fusil comme s'il allait me tirer dessus. Mais il n'y avait

rien à répondre à ce que je disais, c'était l'évidence
même. Et mon regard le transperçait.

Tout d'un coup, il n'était plus du tout capitaine.
C'était moi, le capitaine, c'était aussi de toute évidence. Comme tout homme qui perd pied, il commença à tenir des propos naïfs.

— Je n'ai pas d'ordre pour reculer.

— Comment voulez-vous avoir des ordres ? Et l'initiative ?

Un spasme comique s'empara de moi, j'imaginais
cette scène dans la cour de la Pépinière. Mais je ne
m'attardai pas à rigoler.

— Allons, taisez-vous, me dit-il en se détournant,
avec un mélange de rage et de supplication.

— Il faut s'en aller, répétais-je. Je ne veux pas être
fait prisonnier, au début de la guerre.

Une ironie furieuse sautait en moi et lui sautait
dessus.

— Taisez-vous, tirez.

— C'est vrai qu'on va être prisonniers, dit le même
type qui me regardait avec sympathie et confiance.

— Tu as envie d'être prisonnier ?

— Non.

Il avait le même élan que moi. Un fuyard ? Un
brave ? Il avait bien chargé, derrière moi.

Je regardai le capitaine avec sa grosse moustache,
honteux et haineux. Ce gros pleutre qui voulait s'en
tenir au devoir, c'est-à-dire ne pas bouger. Ah, j'avais
toujours détesté mes officiers, mes professeurs. De quel
droit un médiocre vient-il me donner des ordres, en se
targuant d'une hiérarchie qu'on peut toujours chahu-
ter ? Il sait bien que c'est moi qui devrais lui en donner
et qui lui en donne. Je me rappelle ce professeur, esprit
subalterne, qui profitait de l'âge, ce grade, pour m'apprendre ce qu'était Platon. Il se dépêchait de me haïr,
de me faire ses aveux, pendant que j'étais obligé de

l'entendre. Rancune de petits employés qui derrière
leur guichet vous tiennent cinq minutes.

On supporte la médiocrité en tant que masse, mais
dans le détail, à chaque humiliation de détail, on se
met en colère. Et la colère manque de vous faire
tomber dans le jeu. De là à vouloir devenir général,
ministre, dictateur, faire une révolution pour les tenir
sous sa botte, il n'y a qu'un pas. Un pas que je me suis
bien gardé de faire. Je te comprends, Trostky — et toi,
Mussolini — mais je ne vous approuve pas.

Ah, ce capitaine ne me tenait pas.

Tout d'un coup, je m'élançai hors du trou. Et je
partis vers le bois.

Nouvelle charge, ma charge à moi. Cette charge que
tout orgueilleux, à son heure...

Je fuyais allègrement, parmi les balles craquantes.

Soudain — vlan sur la nuque !

Ah, je meurs.

V

Le soir, nous revînmes, avec des lampes électriques
et des torches. Nous revînmes dans ce cimetière qui,
par la grâce du génie nordique, était un parc rêveur,
abritant sous les arbres espacés, sous l'herbe douce et
uniforme, sa mélancolie profondément vivante. O petit
Walhalla où règne la silencieuse pureté virile.

Nous étions, à la recherche d'une petite chose chimé-
rique — une identité, une personnalité, un numéro
matricule. Avec des torches, juifs et chrétiens, nous
allions à la recherche du talisman auquel est suspendu
la vie européenne, un nom propre. Mme Pragen recherchait le nom de Pragen. Mme Pragen, qui était née
Muller, recherchait le nom de Pragen, comme son bien.
Elle voulait exercer le droit d'écrire le nom de Pragen,

ici, de marquer ce lieu du nom de Pragen — de ce nom
dont elle-même avait été marquée et qu'elle avait fait
sien, à tout hasard. Elle ne cherchait pas son fils.

Avec nos torches, nous avions des pioches et des
tenailles. Nous avions de l'argent pour faire tout ça, et
de l'autorité. Mme Pragen avait la Légion d'honneur.
Elle avait voulu aussi l'avoir pour son fils, mais il avait
été tué trop tôt. Et nous nous mîmes à bousculer la
foule dans l'ombre, à la fouiller, à lui demander ses
papiers dans l'humidité de la nuit et de la terre.

Cette foule coulée en dessous du niveau social,
emmêlée dans la noblesse commune de la mort, dans
la subtilité chimique du sous-sol, dans le royaume
intime et essentiel, — nous y lancions une rafle, nous
voulions la ramener aux quinquets du commissariat.
On faisait l'honneur à deux ou trois de ces cadavres
d'être Claude Pragen. Nous étions mesquins et imbéciles, des bourres spirites.

J'ai toujours dit que la passion peut sacrer un
moment, l'insérer dans le plan de l'éternel, mais
Mme Pragen sans passion promenait partout une
rumeur d'éphémère. Que font les femmes dans la
Société ? Ces sauvages s'emparent de nos amulettes
et dans leur sein les revivifient. Mais le sein de
Mme Pragen était sans chaleur.

— Ça peut aussi bien être un Français qu'un Allemand, dit obscurément quelqu'un, au moment où l'on
ouvrait le premier cercueil.

Mme Pragen toucha du doigt sa Légion d'honneur
pour écarter cette menace dérisoire.

La dernière planche sauta. Nous tombâmes tous
d'accord pour refuser à ce miel d'horreur le nom de
Claude Pragen. La forme informe était beaucoup trop
longue.

— C'est grand comme un Allemand, s'écria encore
l'imbécile qui assumait le rôle du chœur antique.

Moi, cela me fit penser à Matigot, le boucher, le

premier que j'avais vu, tué, allongé sur le terrain, bien
tué, bien net. Comme il était grand, et comme il avait
l'air étonné.

Je vous ai dit que nos recherches étaient limitées.
L'or de Mme Pragen travaillait depuis longtemps dans
la région. Ces cinq tombes que nous explorions avaient
été seules retenues, chacune renfermait un indice qui
tirait à soi le doute.

— Et par exemple, celui-ci qui ne peut être Claude
ne peut être Matigot, puisqu'il porte un bracelet d'or,
aurait-on pu me dire.

— Mais, aurais-je répondu, Matigot, le beau boucher, était peut-être une tante ou un maquereau.

On faisait sauter le couvercle d'un autre cercueil.

— C'est lui, dit Mme Pragen.

Au milieu du miel, il y avait un sourire, une dent
incisive un peu plus courte que l'autre comme Claude
en avait une. Une belle occasion d'erreur judiciaire où
se jeta cette pitié si impie.

— Ce n'est pas la peine de regarder les autres.

— Bon, comme Madame Pragen voudra, dit le
maire, enchanté d'en avoir si vite fini.

Mais aussitôt elle voulut en avoir pour son argent, et
fit ouvrir les autres boîtes ; elle ne regarda pas ce qui
était dedans.

VI

Nous couchâmes chez le maire qui avait une belle
villa bourgeoise — mais qui exploitait lui-même ses
terres.

Nous n'en avions pas fini avec les rites. Le lendemain
matin, nous nous dirigeâmes vers l'église. Mme Warrin
et plusieurs de ses amies étaient venues de Charleroi.

Notre traversée du village fut un événement considérable.

Je marchais, avec un paquet sous le bras, à côté de Mme Pragen, toujours en infirmière, avec la Légion d'honneur et diverses décorations.

Son long visage émacié faisait sensation ; et ses yeux, qui paraissaient perdus dans le chagrin. En fait, Mme Pragen avait les yeux qu'ont toutes les vieilles femmes solitaires. Ce sont des yeux fascinés par un point dans le vide.

Nous entrâmes dans l'église.

Mme Pragen était catholique. Ce qu'à juste titre on appelle snobisme mène notre société. Il y a un snobisme catholique, un snobisme socialiste. Tout est snobisme. Le snobisme, c'est la seule démarche possible pour des gens qui ne vivent plus guère qu'en imagination. Et quelle imagination, toute tournée vers le passé. Le snobisme, c'est toujours une retombée sur un passé quelconque. Nos gens ne peuvent s'intéresser qu'à une chose passée ; mais il suffit qu'une chose soit passée pour qu'ils s'y intéressent. Aussitôt qu'il y a un passé quel qu'il soit, il se forme un snobisme autour. Que la Russie change de peau et soit soviétique après avoir été tzarienne, aussitôt que c'est fait, voilà un snobisme soviétique. Dans ce vieil Occident qui ne change pas de peau, qui n'invente plus guère, on rêve exotiquement de Moscou et de Lénine, ou bien de saint Thomas, ou bien de Louis XIV. Mme Pragen en se faisant catholique avait rêvé qu'elle était en France depuis quinze siècles : cela, puisqu'elle y était maintenant, lui paraissait mieux que d'avoir été ailleurs pendant ce temps. Ainsi s'amuse l'imagination.

Dans l'église, il y avait un grand concours de bourgeois et de paysans. On se pressait pour voir la noble dame de Paris.

Je profitais même un peu de la curiosité générale. Pour qui me prenait-on ? Les gens vous prennent

rarement pour ce que vous êtes. Peut-être me prenait-
on pour son amant. En tout cas, j'étais de quelque
façon un des ornements de son luxe, un des rayons de
sa gloire.

Le curé ressemblait au maire, sauf qu'il n'avait pas
de moustaches. C'était en effet, de par la fonction, son
frère jumeau. C'est ainsi que fonctionne le monde :
dans chaque village, dans chaque campement, il y a un
sorcier et un chef. Ils se détestent, mais sont complices.
Et les bonnes gens ont bien besoin d'eux.

Le maire était un paysan, le curé était un paysan.
Bien nourris, bien humides ; point puceaux, mais pas
trop portés sur la chose. Le curé n'était pas plus
paillard que le maire, il faut le reconnaître. Tous les
deux importants, contents et soucieux. Leur petite
ambition, c'était l'insecte qui les harcelait suffisamment ; elle guignait les limites du canton à ses heures,
mais le reste du temps se réjouissait dans les limites de
la commune.

Nous entendîmes la messe. C'est une belle cérémonie. Je n'étais pas entré dans une église depuis mes
quinze ans, mais entre-temps j'avais un peu étudié
l'histoire des rites. Aussi me parlait profondément
cette cérémonie. Le vieux sacrifice, voilà qui vous met
au cœur des choses et de l'humanité. Quand je vois un
de ces sorciers, couvert du magnifique costume de
l'Asie, élever le pain et le vin au milieu du ciel, et offrir
Dieu sacrifié à Dieu sacrificateur, je jubile. Mystère
insane, inouï de la vie : merveilleuses fables. Le monde
est absurde, mais les gestes qu'il fait sont beaux.

Mais en dehors de l'élévation, il y a un beau moment
dans une messe, c'est le moment de la quête. Les
paroissiens donnèrent tous des boutons de culotte,
comptant sur Mme Pragen qui brandit au-dessus de
l'aumônière un billet de mille francs. J'avais bien envie
de ce billet de mille francs pour faire la noce à

Bruxelles ; j'en avais autant envie que le curé, car moi aussi je suis un intellectuel, et je vis sur les riches.

Au moment de la sortie, Mme Pragen se porta avec rapidité vers la porte pour y précéder tous les paroissiens et les gens qui étaient de Charleroi. Je la suivis avec mon paquet. D'un ongle prompt, Mme Pragen déchira ce paquet et y prit une quantité de petits cartons qu'elle distribua à tous ceux qui sortaient.

L'opération avait été préparée et le vicaire, autre paysan, dirigea lui-même les enfants pour que chacun reçût de Mme Pragen une image. Cette image représentait Claude Pragen, qui n'en pouvait mais. Elle relatait ses titres de bachelier et de licencié, ses exploits légendaires, sa citation à l'ordre de l'armée (arrachée à Bonsieur par Mme Pragen).

Les petits Belges, blonds, quelquefois bruns, recevaient cela, imperturbables et révérencieux. Peut-être qu'on parle encore là-bas de Claude Pragen, la donatrice étant rentrée dans l'ombre du tableau. Plus tard, je me suis rappelé cette journée en assistant à l'enterrement d'un grand homme de science où dès le cimetière sa veuve commençait cette magnifique carrière de veuve scientifique qui l'a portée jusqu'au seuil de l'Institut. Les femmes sont presque toujours des actrices, des caricatures attendrissantes de leurs hommes. Mme Pragen, à jamais costumée par l'événement, promènerait jusqu'à sa mort l'image de cet événement.

Nous retraversâmes le village au milieu du concours de la population. Je regardai avec émotion Mme Pragen qui soudain semblait vieillir, écrasée par quelque chose ; mais par quoi ? Je frémis encore une fois, craignant de la méconnaître.

Après tout, qu'est-ce que je lui reprochais ? Il faut bien que l'humanité fasse des gestes. Il faut bien qu'elle détaille tous les moments de la vie. Et forcément les possibilités sont limitées, ce sont toujours les mêmes gestes. Les mêmes gestes, ce sont les mêmes rites. Mariages et enterrements — guerres ou révolutions.

Fallait-il par pudeur, par discrétion, oublier Claude ?
L'idée d'immortalité est née dans l'esprit de ceux qui
se souviennent, qui ne peuvent oublier. Les morts se
promènent beaux et solennels dans le cerveau des
mères, des amis. C'est là leurs Champs-Élysées.

Mais il y a la manière, me direz-vous ? Eh bien,
Mme Pragen avait la bonne manière, la manière naïve.
Elle ne différait pas beaucoup de ces paysans qui la
comprenaient et l'approuvaient. Et elle se donnait
l'importance qu'ils souhaitaient qu'elle se donnât. Un
sacrifice, des images, une distribution d'argent. Qu'aurait fait d'autre une dame grecque ou une dame juive
de l'Antiquité ? Que fera demain la femme d'un chef ? A
moins de tomber dans le néant, dans le silence. Trop
élégant.

Mme Pragen ne pouvait pas ne pas participer à la
gloire de son fils ; « mettre son orgueil dans quelqu'un » ne veut pas dire autre chose. Et pouvait-elle ne
pas avoir d'orgueil pour son fils ? Si elle n'en avait pas
eu, elle l'aurait oublié.

Cependant, nous nous étions assis et nous mangions
beaucoup. Les bourgeois et les paysans avaient peur
les uns des autres. Mais la mangeaille et la boisson sont
ennemies des barrières sociales ; la nature, travaillant
les ventres, finit par mêler les cœurs.

A la fin, le maire se leva, torcha sa moustache, et on
vit une fois de plus l'Ambition, agitant la torche de la
Responsabilité, mettre en fuite le Respect Humain.

« C'est pour moi un honneur de saluer parmi nous,
au nom de tous mes administrés et des habitants de la
commune, Mme Pragen qui est une dame de Paris. C'est
une bonne femme et la mère d'un brave soldat. Et
aussi, au nom de tous les habitants de la commune,
nous la remercions pour tout le bien qu'elle a fait un
peu à tout le monde dans la commune. Mme Pragen

emploie bien son argent et c'est un exemple civique,
permettez-moi. Nous n'avons pas oublié les braves
soldats français qui sont venus défendre l'honneur de
la Belgique. Le fils de Mme Pragen y a laissé sa peau et
il n'est pas le seul. Ça nous a fait bien de la peine quand
nous les avons vus s'en aller, en combattant si vaillam-
ment, et nous laisser aux mains de l'ennemi pendant
quatre ans. On fait ce qu'on peut. Quand ils sont
revenus — enfin les Anglais — nous avons été bien
contents. On a bien pris soin des morts et des blessés,
quand ils sont partis. Nous remercions Mme Pragen de
sa confiance, qu'elle veut que son fils repose dans la
terre de Belgique où il a laissé son sang. La Belgique et
la France, c'est les deux doigts de la main pour la paix
universelle. Et on les verra toujours défendre le Droit.
Vous n'avez que des amis dans la commune, Madame
Pragen, et c'est votre famille où vous serez toujours
bien reçue. Et nous vous remercions pour toute la
commune. »

VIII

Comme j'avais bien couru à travers le champ,
personne ne m'avait suivi. Ils restèrent tous là dans
leur trou. Pourtant par la suite, quelques-uns en
sortirent. Et même le capitaine. Je le retrouvai plus
tard au dépôt du régiment. Nous nous saluâmes d'un
drôle d'air. Peut-être étais-je parti trop tôt. Mais si je
n'étais pas parti, ils n'auraient pas osé partir après
moi.

Je courais au milieu des balles, qui sifflaient et
vrombissaient à qui mieux mieux.

Et puis tout d'un coup, vlan. Je suis tué. Oui, je suis
tué. Je reçois un coup terrible sur la nuque. Je suis tué,
donc je suis mort.

C'est alors qu'il y eut ce petit moment métaphysique.

Mais je n'étais pas tué ; je remuai le bras et portai ma main à ma nuque. En même temps, mes jambes continuaient à tricoter et à me porter vers le bois. Ma main était pleine de sang, pleine de sang chaud. Mon sang coulait. Je me rappelle ma fierté. J'étais un homme, mon sang avait coulé.

Je ne renie pas ce moment de fierté, je ne renie pas cette ivresse pubère. Que demain le sang coule encore dans le sport, puisque le salut de l'espèce interdit dorénavant le vœu de la guerre, entre autres aspects face hideuse de notre belle science moderne.

Mon sang coulait, les jambes marchaient. J'atteignis le bois en titubant. Je croyais qu'un bois c'était un abri. Un abri pour autruche, car l'éclat de l'acier se réfractait en mille éclats de bois, chaque explosion se multipliait en mille volées de bois vert.

Est-ce qu'alors j'ai pensé à la France ?

Je sortis mon paquet de pansement qu'on nous avait dit de mettre dans notre poche à portée de notre main. N'étions-nous pas tous des candidats à la blessure et à l'infirmité ? J'enfonçai le doigt dans ma plaie à la nuque, mais elle n'était pas profonde. Sans doute un shrapnel, je n'en sais rien. Je n'en ai jamais rien su. Tout est anonyme dans la guerre d'aujourd'hui, comme dans la vie d'aujourd'hui.

Mais mon sang coulait, chaud, jeune (j'avais vingt et un ans) dans mon dos, sur mes épaules. J'étais un blessé. Ma fierté se transformait aussitôt en cynisme. J'étais blessé, j'étais hors du jeu. J'étais dans le passé, un combattant qui avait combattu. J'étais hors de l'armée, hors de la guerre, presque un civil. J'étais consacré, je pouvais me permettre tous les orgueils et toutes les lâchetés, tous les désistements et reniements. Je passais du côté des femmes, des enfants, des vieil-

lards, des impuissants, des gouvernants. Comme eux,
autorisés à tous les cynismes.

Je jetai mon fusil. Avec cette confiance dans mon
étoile qui est bien la chose la plus ordinaire du monde,
je ne comptais plus rencontrer d'Allemands. Je jetai
mon sac. Dans mon sac, il y avait le seul livre que
j'eusse emporté, *Zarathoustra*. Je m'en foutais bien. Et
puis après, je jetai mon fourniment, les cartouchières,
ma baïonnette. J'étais désarmé. J'étouffais encore,
j'avais trop chaud. J'ouvris ma capote.

Je pouvais aller, vêtu de mon seul sang. C'était ma
sauvegarde, ma justification, mes faux papiers. J'étais
désarmé comme un civil, comme un Hollandais. Alors,
je pensai à la France.

La France était battue. Je me détournai de la France,
j'ai horreur des vaincus. J'adorai les Allemands qui
m'arrivaient dans le dos. C'était la défaite, c'était la
déroute. Il s'agissait de s'en aller.

Et d'abord, en tout cas, d'arriver à un endroit où l'on
me soignerait, me panserait. N'allais-je pas perdre tout
mon sang ? N'allais-je pas m'évanouir ? Il fallait profiter des forces qui me restaient. Puisque je n'étais pas
tué, aussi bien vivre. Maintenant, le devoir était de
sauver sa peau.

J'étais comme un acteur qui est sorti dans la coulisse
et qui respire. J'étais seul, absolument seul. Je me
rappelais avec transport la solitude de Fabrice à
Waterloo. Les obus pleuvaient sur ce bois désert. Et
moi je jouissais, tout en courant, de ma solitude
retrouvée comme d'un grand silence, rempli des gron-
dements de ma seule pensée.

J'atteignis un espace découvert. « Enfin, » dis-je à
tout hasard. Chaque changement de terrain me semblait un gage de sécurité et de délivrance : cette
nouvelle plaine, devant moi, me semblait hors du
champ de tir. J'aperçus des hommes. Comme je ne
savais pas ce qui se passait beaucoup plus à notre

gauche au-delà du bois, je craignis que ce fût des Allemands, je me dis que c'étaient des Allemands, mais sans crainte, comme sûr de leur échapper, sentant se tendre en moi une astuce juvénile. C'étaient des Français, un détachement du génie, qui marchait dans la même direction que moi, qui tournait le dos.

A mesure que je me rapprochais d'eux, ils me regardaient avec surprise, effroi et indifférence. J'attribuai tous ces sentiments au fait qu'ils étaient du génie, hors du combat et qu'ils regardaient en moi un combattant, un fantassin, un paria.

— Où est mon régiment ? leur demandai-je.

Instinct de soldat qui veut rejoindre son corps ? Ou réflexe de déserteur qui s'oriente ?

— Je ne sais pas... Par là...

Ils me montraient la droite ; eux, ils allaient plutôt sur la gauche. Suivant ma fantaisie — je n'appelle pas ça instinct, je piquai droit devant moi.

C'était la plaine, la plaine. Mais toujours couverte, couverte du bruit énorme de l'artillerie allemande. Plaine vide ? Parce qu'elle n'était pas plate et qu'un pli de terrain m'en cachait la profondeur. Bientôt j'aperçus des détachements qui marchaient, dans la même direction que moi, qui tournaient le dos.

Et soudain, comme dégringolant sur une pente pourtant imperceptible je tombai sur ma compagnie, reformée comme par enchantement. Mais alors il n'y avait pas de déroute ? Je m'approchai d'eux. Aussitôt, avec souplesse, je prenais mon parti de l'aventure, je transformais ma déroute en exploit, j'étalais le désordre de mon costume, mon sang.

Le sergent Gujan se dressa, à ras de terre, devant moi. Il eut un geste d'horreur, comme un reste de son ancienne méfiance.

— Cachez ça !

Les hommes en effet me regardaient. Je m'étais maquillé avec mon sang.

Nous marchâmes pendant quelque temps, à travers la plaine. Il y avait des groupes, des paquets qui marchaient comme nous. Comme s'il y avait eu un ordre, peut-être y avait-il un ordre. J'étais pris au piège.

Mais la guerre était finie pour eux comme pour moi. On était battu. C'était comme en 70. L'armée française, en pantalons rouges, battait en retraite. Un groupe de cavaliers reculait aussi : un général à cheval, avec son état-major à cheval. Il pèse une malédiction sur les chefs, exilés de l'armée, exilés du feu.

Nous arrivâmes près d'un village. La troupe dont j'étais s'arrêta. Moi, je continuai, j'entrai dans le village, sous prétexte de chercher un médecin. C'est alors que je vis le colonel.

Le colonel était tout seul sur la place du village. Dans un recoin, il y avait le porte-drapeau. Le colonel était un homme aimable, intelligent. Brave, il manquait de brutalité ou de génie. Il avait été assez intrigant pour voir les effets de l'intrigue et trop naïf pour ne pas en devenir pessimiste. Nos regards se croisèrent. Il me connaissait, il m'avait fait venir dans son bureau à Paris pour me conseiller de ne pas aller aux tirailleurs algériens qui sont de terribles bougres. Nos regards se croisèrent. Il eut lui aussi son mouvement nerveux : mon sang lui fit horreur. Décidément ce sang était bien précieux. Nos regards se croisèrent. Tous les deux pessimistes, dans cette défaite, nous buvions à longs traits, à notre élément amer.

Peu à peu, le régiment affluait dans le village et se reformait.

Je retrouvai un camarade, encore un Juif, Juif algérien, Bensimon.

— Claude a été tué.

Ce fut un prétexte pour moi pour pleurer sur ma misère.

— Pauvre petit, pauvre petit, répétais-je.

Bensimon supportait bien l'événement ; il ramassait sa vieille habitude des malheurs pour boucher derrière cette défaite tout l'arrière-plan métaphysique ou politique. Tous les Juifs ne sont pas des prophètes. Il rapetissait l'événement le plus possible pour qu'il soit à sa taille et qu'il puisse le supporter.

Il me regardait tortiller mon masque de comédien sanglant sous un sanglot sec ; il me trouvait bien atteint.

Des ordres arrivèrent. Décidément nous battions en retraite.

Je m'avançais, débraillé, sans armes, avec mon bandeau caillé autour de la tête, me dandinant parmi mes camarades qui pliaient sous leur arroi. Mais j'étais repris par l'ordre. Après tout, ma blessure n'était pas grave, je pouvais continuer. Bensimon m'avait donné de la gnôle et j'avais repris quelque force. Évidemment, je restais un peu étourdi et affaibli.

Mais ma tête se remit à travailler, je vis le danger de me résigner à ce sort. J'étais pincé dans cette retraite. C'est que ça n'est pas drôle, une retraite, une défaite. On marche, et puis c'est tout. J'entrevoyais très bien la retraite de la Marne, grâce à ma science de l'Histoire. On marche et on est battu, on ne se bat pas. On marche, on marche. On ne dort pas, on ne mange pas, on ne boit pas. On porte son sac et son fusil jusqu'à l'endroit où on les déposera aux mains du vainqueur. Et tout l'univers se fout de vous. Dieu, les dieux et les hommes n'ont d'yeux que pour le vainqueur qui suit, qu'on précède jusqu'à Paris. Et puis on se fait ramasser en troupeaux et enfermer dans des camps.

Non, très peu pour moi.

Mais ce n'était pas tellement la crainte des souffrances qui me faisait renâcler, c'était l'horreur des vaincus. J'avais tout d'un coup une horreur violente de la France, des Français. Je voulais me séparer d'eux. Je leur en voulais.

Une justice boiteuse accourait de l'horizon. Ce n'était vraiment pas drôle d'être Français : depuis que j'étais né dans ce pays, je n'avais pas eu un bon moment. On n'entendait parler que de défaites. Enfant, on ne me parlait que de Sedan et de Fachoda quand ce n'était pas de Waterloo ou de Rosbach. Que de trempes.

J'étais passé par l'Allemagne, et j'avais admiré le travail et les hommes. Au fond, je m'attendais à ça. Mais une rage terrible me prenait à voir le fait.

Se faire tuer au coin d'une route, en protégeant la retraite, c'était ce que je m'étais promis en partant. Mais maintenant, cela me paraissait un sort bien bête et bien court, pour un garçon en pleine jeunesse qui n'avait encore rien eu de la vie. Ce n'était pas ma faute, si les autres étaient des imbéciles. Ils m'avaient donné la vie, ce n'était pas pour la leur rendre. Je ne dépendais pas plus de ma patrie que de mon père, ce vantard qui devait entrer le premier à Strasbourg et qui en ce moment attendait le résultat dans son fauteuil. Je dépendais de la terre qui voulait aussi bien ma mort que ma vie : à moi de choisir.

Se levait en moi une prodigieuse envie de foutre le camp. Et à mesure que je voulais me séparer de ce troupeau qui prenait tranquillement le chemin de la retraite, je sentais qu'en moi c'était la force et l'orgueil qui se relevaient. J'avais une mauvaise conscience depuis que j'avais rejoint ma compagnie : maintenant que je méditais de la semer, je me réhabilitais à mes propres yeux.

J'avais des devoirs. Il ne s'agissait pas de lier son sort à une aventure trop bête, frappée de mort, dès l'origine. Je n'en voulais pas à la guerre, à ce moment-là, mais à la France.

« Il faut foutre le camp en Hollande » dis-je tout d'un coup à haute voix.

Je le répétai à Bensimon qui prit un air gêné.

« Tu comprends, c'est comme en 70, nous sommes battus, foutus. On va se faire ramasser. C'est idiot. Tous ces types sont des salauds, des pleutres ; il faut les lâcher. Moi, je m'en vais en Hollande. »

Je pensais à la Hollande parce que j'avais lu un roman de V. Margueritte où le héros, après Sedan, filait en Belgique. Donc puisque j'étais en Belgique, j'allais en Hollande.

— Tais-toi, me dit Bensimon, tu es fou. Tu as reçu un coup sur le crâne.

— Ça va s'arranger, me répétait-il.

— Qu'est-ce qui va s'arranger ? Ma blessure ou la guerre ? Je te dis que la guerre ne va pas s'arranger. La France, c'est un peuple foutu, sans allure, sans tenue.

— Tais-toi. Tu saignes, tu parles trop.

« Il a raison, me dis-je, bientôt je n'aurai plus de force, et je tomberai sur la route et je serai ramassé. »

La terreur d'être fait prisonnier me revenait.

« Il faut aviser, tout de suite. » Nous arrivions en haut d'une côte.

Il y avait un calvaire, et à côté un colonel d'artillerie qui, droit et immobile sur son cheval, avec son trompette derrière lui, nous regardait passer, mâchant son anxiété.

Je sortis du rang et je me plantai devant lui ; je le regardai. Il comprenait et il vit que je comprenais. Son regard se détourna de moi comme celui des autres.

Tout d'un coup, je lui demandai à brûle-pourpoint :

— Mon colonel, où y a-t-il une ambulance ?

Bensimon m'avait donné une idée, il m'avait dit : « Tu es fou. » Donc je regardai le colonel avec des yeux fous.

Le colonel était un brave. Il me regarda dans ces yeux-là et me dit :

— Marchez.

Je marchai, non moins brave ; car je ne rentrai pas dans la colonne ; je m'avançai dans un chemin qui était

derrière le colonel. Le colonel se retourna, une seconde,
comme s'il se doutait de mon intention. Mais j'étais la
défaite qui le débordait.

J'avais l'idée qu'en suivant ce chemin, je trouverais
la liberté. Il se trouva que j'avais raison. D'ailleurs, il y
a plusieurs libertés. Personne ne m'appela, personne
ne me retint. Bensimon ne reparaîtra plus, ni le
régiment.

J'étais sorti dans les coulisses et les coulisses, c'était
tout de suite une rue de côté, loin du théâtre, une rue
déserte. La campagne, derrière le colonel, était déserte.

Je marchais, suivant un raisonnement très simple.
« De distance en distance dans les campagnes, il y a
des villes. Donc, si je marche à travers la campagne,
j'arriverai à une ville. Eh bien ? Eh bien, une ville, c'est
un endroit humain, où la guerre a moins de prise, où
l'on se retourne, où l'on est soigné. A la campagne, c'est
mauvais ; c'est là où les hommes vont pour faire la
guerre. »

Je marchais le long de cette petite route, à travers
une campagne montueuse. Le bruit de l'artillerie se
calmait un peu. Les tonnerres invisibles du ciel s'adou-
cissaient avec sa lumière. Il pouvait être cinq heures,
c'était le soir. J'avais fini ma journée, je rentrais à la
ville.

Tout à coup, je m'aperçus que j'étais blessé : la tête
me tournait un peu. Ah zut, et j'étais seul. J'aimais
mieux être seul. Je tâtai ma tête : mon pansement était
bien humide. C'est solide une tête ; mais la mienne
était fêlée.

Arriverais-je à cette ville qui devait être quelque
part ? Mais oui, j'avais encore des forces. Au fond,
j'avais faim et soif. Mais je n'y pensais pas. A vingt ans,
je n'avais pas l'habitude de m'occuper de la nourriture.

Les Allemands devaient suivre ? Ou bien s'étaient-ils
arrêtés pour se reposer ?

Je m'arrêtai pour pisser ; je n'avais pas pissé, depuis le matin. Puis je continuai.

Je marchais, droit dans la vague. Un dialogue infini, le dialogue amorcé en moi ce jour, par l'expérience de ce jour et qui ne s'arrêterait plus, continuait sa rumeur. Mais pour le moment je ne l'entendais que d'une façon confuse, il était dans mes talons. Dialogue entre les courages : courage de rester, courage de partir. Dialogue entre la politique et la vie : arabesque de la légende franco-allemande, enlacée à ma destinée d'Européen qui pressentait le harassement du fer. Dialogue de la vie et de la mort : efficacité du trépas à vingt ans, efficacité du trépas à cinquante ans. Tous les thèmes avançaient et reculaient, se faisant vis-à-vis. Mon sang charriait ce ballet.

Campagne médiocre et recluse, petite vallée proprette. Mais un arbre tout entier, avec son écorce et ses feuilles, entouré d'air doux, quelle énigme attachante.

Je m'en irais en Amérique, je me ferais américain. En ce temps-là, la Russie n'existait pas. Toujours le vieux rêve colonial ; recommencer tout, effacer tout. Un Américain, trois ans auparavant, m'avait dit : « Quittez cette vieille Europe. Venez avec moi. Je vous mettrai dans mon affaire de ferraille. Quittez cette vieille Europe, remplie par le Kaiser et la Légion d'honneur. J'entends un bruit de bottes. »

J'arrivai en bas d'une côte ; quand je l'eus montée, j'étais ivre. J'allai d'un fossé à l'autre. Mais aussi il y avait une ville devant moi — ou plutôt il y avait une gare et dans la gare, un train qui fumait. Un mirage ? Non, le train pour la Hollande.

Mais, en dévalant la pente, je vis beaucoup de pantalons rouges autour du train.

Je m'en réjouis, car soudain ma tête trop fatiguée réclamait les hommes.

Comme par un bout de rue je débouchais sur une

place devant la gare, je vis les blessés et des infirmières. Je m'approchais. Une infirmière me héla.

— Dépêchez-vous, le train part.

Je me dis en moi-même que j'avais tort, mais je
m'approchai pour mendier du secours, moi l'orgueilleux.

— Mon pauvre petit.

C'était une dame de la ville, elle était assez accorte.

— Venez vite, je vais vous faire un pansement, avant
que le train ne parte.

Elle me retira avec précaution l'incroyable emplâtre
que je m'étais fabriqué.

— Qu'est-ce qui vous a fait ça ? Un obus ?

— Je ne sais pas.

— Oh la la ! dit-elle, en regardant.

J'étais enchanté, j'étais bien blessé.

— Vous souffrez ? Comment avez-vous pu venir
jusqu'ici ?

— Je ne sais pas. Je ne voulais pas être fait prisonnier.

— Brave petit. Attention, je vais vous faire mal.

Inexpérimentée, elle maniait avec effroi un pinceau
de teinture d'iode.

Elle me fit assez mal, bigre. Le train siffla, je
sursautai.

— N'ayez pas peur.

— Où va-t-il ce train ?

— En France.

— Nous sommes battus.

— Ils sont trop nombreux.

— Comment ?

— Allez, sauvez-vous.

— Merci, Madame.

Je la saluai avec cérémonie.

Sur le quai de la gare, je retrouvai des copains
blessés.

Tout d'un coup, un boucan infernal, pas loin. L'artil-

lerie allemande tirait sur la gare. Ça décida le train à
partir. J'étais dedans. Je croyais que la guerre était
finie.

IX

Le soir, après le dîner, Mme Pragen me pria dans sa
chambre. Comme elle n'était plus habillée en infirmière, son visage me parut plus décent.

— Asseyez-vous, me dit-elle, d'une voix douce, avec
un sourire affectueux .

Je la regardai aussitôt avec remords.

— Vous avez été l'ami de Claude, vous avez été bon
pour lui.

— Oh, Madame, croyez-vous ?

— Si, le pauvre petit. Je voudrais faire quelque
chose pour vous.

— Mais déjà...

— Non, vous méritez mieux. Je sais bien que vous
n'êtes pas fait pour être secrétaire.

— Non, c'est vrai.

— Eh bien, j'ai pensé à quelque chose.

Aussitôt, je sentis mes yeux luire ; je pensais à
l'argent.

— Claude a été tué, vous auriez pu l'être, vous ne
l'avez pas été.

— Il s'en est fallu de peu, murmurai-je.

— Claude a été tué pour quelque chose ; il faut que
vous continuiez à combattre pour cette chose. Il faut
que vous soyez député.

Je la regardai avec admiration.

— Oui, continua-t-elle, je vous donnerai l'argent
pour votre campagne électorale. Et j'ai une circons-
cription pour vous.

Mme Pragen ne me regardait guère, elle semblait

indifférente à l'effet qu'elle produisait : elle était fatiguée, vieille, triste, vraie. Elle m'expliqua son projet avec une précision de rêve.

— Mais je ne suis pas de gauche.

— Etes-vous de droite ? Cela ne fait rien.

— Je ne suis pas de droite non plus.

— Qu'est-ce que vous êtes ?

— Je suis contre les vieux.

— Eh bien, c'est ça.

— Mais non, Madame, ils sont vieux à droite et à gauche.

C'était tout ce que je savais à ce moment-là des idées que j'avais rapportées de la guerre. Nous étions beaucoup comme ça. Mais cette idée a traîné et fait long feu. Nous avons été bien battus et mis à la raison par les vieux. Ils ont continué leur petit bonhomme de chemin entre la paix et la guerre.

— Enfin, ce qui importe, c'est que vous soyez élu.

— Je voudrais faire une révolution.

— Eh bien, justement, vous la ferez après.

— Il va être trop tard.

Il était déjà trop tard ; déjà les Trois-Vieux arrangeaient notre paix à leur manière.

— Enfin cela vous regarde.

— Eh bien, Madame, merci ; je vais réfléchir.

— Comment, vous ne vous rendez pas compte de ce que je vous offre ?

— Madame, je veux vous faire honneur.

Je la saluai, la laissant dans l'horrible solitude des vieilles femmes sans foyer.

J'allai me promener dans Charleroi. J'essayai de raisonner. Mais ce n'était pas commode parce que l'expérience de la guerre était trop forte pour moi, si jeune.

« A propos, pourquoi Claude a-t-il été tué ? Est-ce que je sais. Pour la France. Lui, peut-être, a combattu pour la France parce qu'il était Juif. Mais moi ? sous les orages de la Science et de l'Industrie mon orgueil a été brisé. Impossible de songer encore au panache.

« Je me suis battu pour être avec les hommes. Les hommes que je méprisais à Charleroi, je suis retourné auprès d'eux. Et puis de nouveau je les ai quittés. J'ai cherché l'équilibre entre eux et moi, entre mon orgueil dont ils ont besoin et leur humilité qui est ma base. »

Il me fallait des années pour comprendre.

Le lendemain, je dis :

— Eh bien, non, Madame, je ne veux pas être député. Et pourtant, Dieu sait que j'ai envie de gagner un peu d'argent.

Le chien de l'Écriture

I

Notre division était au repos depuis un mois dans une forêt lorraine. C'était le privilège d'une division comme celle-là, division d'attaque qui ne donnait que dans les coups durs ou les offensives de grand style au printemps et à l'automne, de se refaire longuement dans les plus reculés et les plus commodes quartiers d'hiver. Beaucoup de soldats préféraient cette alternance à la lente usure des troupeaux parqués dans les secteurs anonymes. Ils savaient pourtant que l'avantage était chèrement payé, mais c'était avec une espèce d'orgueil amer qu'ils montraient du doigt, au début de 1916, un clairon, le seul homme qui restait de 1914. C'était un poivrot jovial et peut-être inconscient. Autour de lui, avec ses yeux vitreux qui semblaient se refuser à la vision précise des choses, il avait vu ses trois mille camarades du départ disparaître par masses ou par paquets, jusqu'au dernier, et il les avait vu remplacer par d'autres dont la plupart n'avaient fait aussi que passer, en route pour l'hôpital ou la mort, puisque quinze mille hommes avaient roulé à travers nos trois mille numéros matricules.

En ce mois de février, le corps venait de se reconstituer voracement et il éclatait avec des compagnies gonflées de sang. Il semblait que la vertu de cette forêt où nous nous ébattions tous les jours se joignît à la

vertu de la chair pour combler nos rangs de tant de
têtes, de tant de torses, de tant de pieds.

Chacun put jouir de cet éphémère tour de la vie, le
jour où le colonel, qui avait été blessé dans la Somme,
rejoignit le régiment et le fit défiler au grand complet,
sur la place de Charmes.

Il était aimé et respecté, car il avait voué lui-même à
ses hommes amour et respect. Ce petit homme, émacié,
aux yeux brûlants, circulait en silence dans les tranchées ou les cantonnements. Les hommes sentaient
qu'il avait partagé à fond leur expérience et qu'avec
eux, à chaque instant, il en poursuivait la méditation si
atrocement intime, si humainement complexe. Indiffé-
rent au détail, il n'était rigoureux que sur l'essentiel.
Sa souffrance — car il souffrait — avait durci son
courage, mais au dedans attendri son cœur. Taciturne
au milieu de ses officiers, un peu hautain, il avait
parfois un regard tendre quand il rencontrait au coin
d'un bois un pauvre péquenot, à la lamentable
dégaine ; mais il ne souriait pas, car aussi bien ç'aurait
été s'attendrir sur soi-même. Officier de carrière, il
n'avait pas attendu que la guerre ce fût ça, cette
caserne ruisselante d'un sang monotone.

Le soir de son retour, au crépuscule, il se tenait donc
seul au bord du trottoir, frileux et raidi, dans sa vieille
capote aux galons ternes, regardant s'avancer, d'un
pas relevé par le désir de plaire, ses trois bataillons.

Ils marchaient, précédés de la clique, de cette sextu-
ple rangée de tambours et de clairons, terrible instru-
ment de guerre. Multipliés dans les bouches et dans les
mains, sont portés devant les hommes la peau d'âne et
le cuivre, aussi vieux ustensiles humains que le glaive,
et qui ramènent du fond des âges la rumeur la plus
sombre, la stridence la plus aiguë. Et voilà ce qui se
tord au fond du ventre des hommes, ce vieux rut
toujours ivre. Et pourtant, lui, le colonel, l'homme
d'épée, n'avait pas d'épée au côté et ses hommes

tenaient sur leur épaule un outil qui ne donnait la mort que hors de vue, à une distance abstraite. Depuis août 1914, quand dans une seule rafale de mitrailleuse, cinq cents de ses troupiers en pantalon rouge étaient tombés d'un bloc dans l'herbe, il s'angoissait désespérément sur ce contraste entre le double cri d'appel, sourd et aigu, si charnel, si immédiat, de la clique et la mort inhumaine, froide, invisible, qui répondait à cet appel pour le bafouer.

Enfin, ces hommes courts et chétifs, rehaussés en force sous le harnais et le casque, fondus par la discipline dans une minute d'amitié éternelle, passèrent, et il rentra dans son bureau signer des paperasses.

Tous les jours, nous allions dans la forêt par compagnies. Pas d'exercice, ce qui réjouissait tout le monde, car le soldat ne hait rien tant que l'exercice qui prépare la parade, ce piège pour son cœur d'homme. Et, ne regardant pas plus loin que le bout de son nez, piqué dans la fatalité, il n'aime pas non plus le service en campagne ou le tir qui lui apprennent à mieux se défendre contre la mort. On avait fait de nous des bûcherons. Nous coupions des arbres et avec leurs troncs nous façonnions des pieux pour soutenir les réseaux de barbelés.

Nous nous égaillions par groupes dans les taillis et nous saccagions, après tant d'autres trésors, le trésor sylvestre du pays. Je notais une certaine allégresse démoniaque de pillage dans nos chantiers improvisés, et dans nos cœurs le secret émoi d'un retour inattendu à la nature, à la sève, nous qui étouffions depuis des mois dans la jungle de fer. Campagnards ou citadins, il y avait un sursaut dans notre chant de route, quand nous entrions dans le bois, au petit jour, et, plus tard, une étrange sourdine dans nos voix quand nous nous dispersions dans la grisaille matinale, parmi les colonnades de l'immense sanctuaire oublié.

Au déjeuner, éclataient toutes ces obscures forces rénovées. Nous avions façonné des bancs et des tables rustiques et, sur le bois rude, nous faisions une magnifique galimafrée de sardines et de saucissons, de viandes grillées et de pommes frites, de fromage et de pain, le tout arrosé de quarts innombrables de gros vin, de café clair et de gnôle. Nos propos d'hommes chastes étaient de la plus puérile obscénité. Parfois un homme, tout débordant de l'inextinguible banalité de ses propos, levait son quart de fer-blanc ou sa pipe et je rêvais du dieu inconnu et rudimentaire, du Dionysos blafard et rougeaud, inspiré d'un fumier de ferme et d'une cheminée d'usine, à qui allait cette libation ingénue.

II

Un jour, un dernier renfort nous arriva, et au beau milieu d'une de ces agapes. On venait de dissoudre les escadrons divisionnaires et quelques-uns de ces dragons que nous avions longtemps méprisés et enviés pour leurs vaines cavalcades loin des tranchées tombaient parmi nous.

Il y eut un silence pour savourer la juste infortune de ces aristos. Ils parurent, nobles dans leurs vastes et longs manteaux, éperonnés, paysans et seigneurs.

Oui, chacun marqua d'un tressaillement cette présence, il y avait un seigneur dans cette petite troupe. Tout l'annonçait. Bien qu'il fût seulement maréchal des logis, — maintenant sergent, — il montrait, sous le manteau, du drap aussi fin que celui d'un de ces officiers riches comme on n'en voyait pas beaucoup dans notre infanterie. Sa démarche était aisée et nonchalante. Et, enfin, il avait l'air prodigieusement dégoûté de tomber dans notre roture. Il était escorté de deux dragons qui faisaient fonction d'écuyers auprès de lui et dont l'un reçut respectueusement l'élégante sacoche dont il se débarrassa au moment de s'asseoir à la table des sous-offs.

J'étais assis à cette table. Je regardais avec étonnement autour de moi la figure de mes camarades. Ils avaient tous le même air, déconcerté et intimidé. L'adjudant qui nous présidait, un arpenteur vosgien, eut un geste maladroit et inachevé comme pour faire les honneurs.

— Maréchal des logis Grummer, annonça sèchement le nouveau venu, en claquant un peu les talons.

A propos, il y a quelque chose qui doit venir, par les chemins embrouillés du snobisme, de l'aristocratie allemande, plutôt que de l'anglaise, dans cette façon de claquer des talons et qui est encore prisée dans les salons de la bourgeoisie.

— Bon, prenez une place.

On mit du temps à reprendre la conversation, et la bruyante jovialité qui avait régné jusque-là dans nos repas ne reparut dans tout son éclat que le lendemain.

— Grummer! Tiens, c'est un Grummer! m'étais-je dit aussitôt. Est-ce un cousin ou un frère de Frédéric Grummer?

La famille Grummer, à cheval sur la Suisse, l'Alsace et le pays de Bade, a poussé une forte branche à Paris. Ils sont anciens, nombreux et en général fort riches. J'avais connu, à la Sorbonne, un Grummer qui ne ressemblait en rien à celui-ci. Un garçon délicat, voué à la musique et à la philosophie, aussi brun que celui-ci était blond.

Tout en continuant de bavarder avec mon voisin, mon copain habituel, un ouvrier électricien de Nancy, je dévisageais avec une curiosité amusée le cavalier démonté. Il avait une figure fine et rogue. Une jolie peau, de jolies dents, de jolis cheveux, la taille bien prise. Il avait l'air horriblement ennuyé et ne faisait aucun effort pour le cacher ou pour s'adapter à son nouveau milieu. Ses voisins ne lui parlaient pas, non par hostilité déclarée, car ils n'osaient lui tourner le dos, mais par timidité. Enfin, l'on but le café et l'on se leva. J'étrennais une petite pipe que je venais de recevoir dans mon dernier colis, et, comme Grummer passait près de moi, il remarqua la marque anglaise et me dévisagea soudain avec intérêt. De mon côté, je le regardai, sans songer, sans doute, à cacher mon amusement un peu ironique. Son examen le laissa perplexe, car ma tenue était réglementaire, mon crâne tondu et ma barbe peu soignée. Après une seconde d'hésitation, il s'éloigna.

Un coup de sifflet retentit et nous reprîmes le travail. Je revis bientôt mon Grummer qui, ses poings gantés dans les poches, fumait de précieuses cigarettes, en errant au milieu des hommes. Il était bien décidé à ne pas mettre la main à la pâte et regardait avec étonnement un sergent qui avait mis bas capote et veste et qui attaquait à grands coups de hache un frêne. A plusieurs reprises, son regard croisa le mien et enfin nous nous rapprochâmes.

— Ça ne vous dit rien, l'infanterie.

Il me dévisagea, un peu agacé et choqué de ne pas savoir mon nom ni à quel point ma situation dans la vie civile pouvait différer du poste si peu avantageux où je me trouvais dans l'armée.

— Rien du tout.

Une lueur d'inquiétude passa dans son œil bleu, mais aussitôt sa mâchoire se serra. Je compris aussitôt qu'il était résolu et à quoi.

— Eh bien, vous n'y resterez pas.

Il me regarda, sans gêne, mais avec un certain mécontentement, parce qu'il avait senti dans ma voix une ironie un peu libre.

— Non, certes, finit-il par avouer.

Je vis qu'il devait avoir de bonnes raisons pour paraître si résolu.

— En effet, pensais-je, il doit être sérieusement pistonné. Ce doit être son oncle, ce Grummer qui préside les Aciéries Réunies.

Nous parlâmes de choses et d'autres. Agacé par mon anonymat, il finit par me demander mon nom. Ce nom ne lui dit rien et son ton fraîchit un peu. Je ne voulais pas lui parler de Frédéric Grummer, mais, après tout, j'avais envie de savoir ce qu'était devenu ce gentil garçon qui m'avait souvent joué du Bach, autant que j'en désirais, c'est-à-dire trois heures d'affilée.

— Ah! vous le connaissiez? C'était mon cousin germain. Il a été tué, il y a un mois, en Champagne.

Je ne dis rien, mais je le regardai avec moins de sévérité qu'auparavant. Après tout, s'il pouvait s'en sortir.

— Dans quoi? demandai-je enfin.

— Dans l'aviation. Je vais aller, moi aussi, dans l'aviation. Où l'avez-vous connu?

Il ne me paraissait nullement ému, mais je ne l'étais guère.

Le soir, je le rencontrai dans le village. Il avait fait des pieds et des mains pour obtenir une bonne chambre et je le trouvai en train de donner de l'argent à un camarade qu'il délogeait. Le dragon qui lui servait de tampon le suivait de nouveau, portant un ravissant sac de couchage en caoutchouc doublé de fourrure et un tas d'autres bagages.

Il vit mon sourire et me dit :

— J'espère bien avoir filé avant qu'on quitte ce cantonnement.

A ce moment, passa dans la rue le lieutenant qui commandait notre compagnie et qui l'appela. Je vis chez l'officier la même gêne que chez les sous-officiers.

Il lui parla à l'écart d'une façon assez secrète, l'air à la fois mécontent et révérencieux.

— On s'occupe de M. Grummer en haut lieu.

III

Deux ou trois jours passèrent. Grummer occupait son temps à envoyer et à recevoir des télégrammes. Le reste de la journée, il s'occupait aussi peu que possible de sa section, ne restait qu'un moment à la popote et s'enfermait dans sa chambre avec son dragon, qui, aussi distant que lui à l'égard des fantassins, frottait éternellement ses bottes.

Un beau jour, une rumeur commença brusquement à courir :

— La division change de cantonnement.

Mais personne ne voulait croire que c'était pour monter au front, car il était entendu qu'on n'aurait besoin de nous qu'au printemps, pour la dernière offensive. Pourtant, la rumeur grossissait et persistait. Puis des ordres commençaient à circuler : « Se tenir prêt à embarquer. » Nous n'allâmes plus au bois.

Je trouvai Grummer sur la porte de la popote, l'air extrêmement soucieux, froissant une dépêche dans son gant de daim.

— Ça sent mauvais, lui dis-je.

Il me regarda sans me répondre, écœuré de mon ton résigné. J'entrai dans la popote.

— Il vient de courir au bureau du colonel, pour voir si rien n'est arrivé pour lui, vu qu'il a fait une demande dans l'aviation, me conta le sergent-major. Il a les foies, le frère ; il n'a pas envie de monter avec nous.

— Peut-être qu'ils vont nous envoyer dans le Midi ou à Salonique, jeta quelqu'un.

Salonique, où l'on crevait pas mal de dysenterie,

était le rêve du front français. Mais tous les visages étaient mornes.

Pour la première fois, on faisait la tête assez ouvertement à Grummer. Jusque-là, à mon grand étonnement, — car, après ma longue dysenterie des Dardanelles, je n'étais revenu que depuis quelques mois au front, et j'avais encore des idées fausses, — je n'avais surpris que des regards où se mêlaient la méfiance et la considération. Deux ou trois fois, pour voir, j'avais prononcé son nom alors qu'il n'était pas là, mais chacun s'était tu, vaguement effrayé. Mais, ce soir-là, l'attitude de Grummer était provocante. Il nous regardait tous avec une horreur qui faisait déjà de nous des cadavres puants.

On raconta des histoires de guerre, des histoires de la dernière attaque, dans la Somme. On en vint à parler de l'aviation.

— Me parle pas de ces gars-là, s'écria un petit fourrier qui lança un bref coup d'œil sur Grummer. Ils nous ont bien laissé tomber encore, ce jour-là. Tu comprends, c'est des messieurs qui n'aiment pas se salir.

Mais Grummer, absorbé dans son attente et sa supputation des minutes, ou prudent, ne broncha pas.

Deux ou trois fois, il fut houspillé, à demi-mot. Mais l'algarade, que j'avais d'abord imaginée menaçante, n'éclata pas.

D'ailleurs, au moment où le cuisinier nous apportait le jus et la gnôle, le branle-bas se déclara et, une heure après, nous étions sur la route, en marche vers une gare assez lointaine. Nous embarquâmes tard dans la nuit et passâmes toute la journée du lendemain dans le train. Le soir, nous descendîmes dans la région de Verdun.

Cette marche de nuit vers Verdun, c'est un souvenir bien marqué dans ma cervelle. Nous traversions une contrée de ruines blanches. Le désert se peuplait çà et là d'informes phantasmes de pierres battues par une pleine lune haineuse, dont les coups se multipliaient

la gnôle ?

dans la réverbération de la neige. Et ces ruines mar-
quaient pour nous les stations d'un chemin de croix ;
car, sur le verglas de la route, les clous de nos godasses
ne mordaient pas toujours. De moment en moment, un
homme s'écroulait, meurtri par le poids de son
harnais.

Nous marchâmes six heures de suite, dévorés de
froid, rongés de solitude. Nous étions des milliers
d'hommes qui cheminions et chacun de nous se sentait
seul comme un petit enfant, au milieu de cette campagne aux jachères glaciales, en traversant ces villages
abandonnés depuis mille ans.

Grummer commençait à partager notre sort, et il
souffrit plus que nous. A la première pause, je le
trouvai plié en deux sous son sac.

— J'ai atrocement mal aux pieds, me dit-il d'une
voix plaintive, en jurant comme un charretier.

Je vis qu'il avait des chaussures de sport, trop
minces et, le pauvre, sans clous.

— Je suis tombé au moins dix fois.

A la pause suivante, il demanda au lieutenant de
monter dans une voiture.

— Vous êtes sous-officier, vous devez donner
l'exemple.

Il salua sèchement et se redressa un peu.

Au petit jour, nous entrâmes dans un bourg habité
où l'on nous dit que nous resterions. Nous bûmes du
café, de la gnôle, et nous nous réveillâmes de cet atroce
demi-sommeil de la marche nocturne.

Grummer disparut. Quand il revint, il avait l'air
navré. Ce n'était plus le même homme. Il nous regarda
soudain avec d'autres yeux. Il allait affronter la mort,
il avait besoin de compagnons.

Il acheta une bouteille de vieux marc à un paysan et
trinqua avec quelques-uns d'entre nous. Il but beaucoup.

Bientôt, un cycliste vint nous raconter qu'au bureau

du colonel on l'avait prié de ne plus paraître. Nous apprîmes, en même temps, que ça chauffait à Verdun. Les Boches avaient attaqué et tout enfoncé. Mais notre corps était là, notre fameux corps, et un autre, presque aussi fameux, était à côté. C'était le gros coup qui arrivait, sans attendre le printemps.

Nous flânâmes toute la matinée et le début de l'après-midi. Puis on rompit les faisceaux. C'est alors que se produisit un double incident, parfaitement théâtral.

Soudain, tout le long de la compagnie alignée, un murmure courut. Je vis s'avancer vers nous, un capitaine, le bras en écharpe, qui portait l'écusson de notre régiment, mais que je n'avais jamais vu.

— C'est le capitaine Dumont-Vervier.

— Dumont-Vervier, le fils du vieux Dumont-Vervier ?

Jacques Dumont-Vervier, j'avais entendu parler de lui dans le régiment avec un respect navré.

— Celui-là, mon vieux, il s'en ressent.

Il s'en ressentait si bien que, renseigné à point, il s'était échappé de l'hôpital à l'annonce du gros coup.

Les hommes le regardaient avec orgueil, parce qu'il était leur capitaine, mais avec un espèce d'effroi qui aurait pu être rancunier, « parce que, disait mon voisin, avec des types comme ça, ça ne finira jamais. C'est un patriote. Moi, je ne suis pas patriote, mais je reconnais que c'est un mec. Et puis, gentil. » Il avait refusé de punir des hommes qui avaient insulté un gendarme, le démagogue.

— Ce qui m'épate le plus, continuait le voisin, c'est que son père est ministre, il paraît, et millionnaire.

En effet, le vieux Dumont-Vervier, le vieux catholique, était ministre d'État à côté de Briand. J'avais, auparavant, entendu parler de Jacques Dumont-Vervier à la Sorbonne, où sa thèse sur l'histoire de la Révolution avait fait scandale aussi bien du côté de l'Action Française que du côté des gens de gauche. Il était catholique et démocrate.

Je regardai cette figure ingénue de moine savant. Il n'avait absolument rien de militaire.

— Bonjour ! cria-t-il.

— Bonjour, capitaine ! répondit la compagnie comme une compagnie russe.

Et ce fut tout. Du moins, pour la revoyure. Mais ce n'était pas tout pour Grummer.

— Sergent Grummer ! appela le capitaine.

Grummer s'avança et s'immobilisa. Je songeai que Grummer et Dumont-Vervier avaient pu se rencontrer dans un salon, car ils appartenaient au même monde de vieille bourgeoisie catholique. La branche des Grummer à laquelle appartenait celui-ci était catholique, alors que les autres sont protestantes.

Le capitaine, grattant son bras en écharpe et regardant Grummer de la tête aux pieds, puis dans les yeux, lui dit à haute voix :

— Sergent, vous nous quittez. Allez au colonel, on vous donnera un ordre de route.

Je me penchai pour voir la figure de Grummer. Il était devenu blanc de joie, tout son corps tressautait dans le garde-à-vous. Et, en même temps, il avait reçu en pleine figure une gifle morale qui marqua, aussitôt après, sa trace sur son visage tiraillé de tics contraires. Car, depuis le matin, il avait commencé à se donner à nous, — surtout depuis qu'il avait changé de souliers.

— Allez, rompit sèchement le capitaine, en lui tournant le dos brusquement.

Un suave murmure glissa le long des rangs.

Un agent de liaison arriva. Un homme marchait avec lui qui s'en allait aussi, appelé dans une usine de guerre et qui nous regardait avec des yeux hallucinés. Grummer, qui oubliait de nous dire : « Au revoir ! » alla avec lui. Mais, à ce moment, la compagnie de mitrailleuses de notre bataillon s'ébranla, coupant la place où nous stationnions et empêcha l'agent de liaison et les deux pèlerins de s'en aller. Puis ce fut notre tour de marcher. Pour une raison ou pour une autre, l'agent de liaison resta en panne, de sorte que nous défilâmes devant Grummer.

Ce qui ne l'enchanta pas. Cette totale indifférence que lui témoigna toute la compagnie, rang après rang, se résuma dans le sourire ambigu qu'il cueillit sur mon propre visage. Sa grimace était elle-même assez compliquée : une joie animale et un reste d'effroi se disputaient son regard ; mais aussi, tandis que, par un effort hypocrite, il retenait un rire spasmodique à sa lèvre tremblante, une vague, oh ! une très vague nostalgie de nos glorieux destins glissait sur ses prunelles. Quant à l'ouvrier des usines de guerre, il commençait à sortir de sa stupeur et une hilarité bien cynique remuait déjà ses joues.

Nous passâmes.

— Il y en avait des choses qui remuaient dans sa cafetière, tu as vu ? dit mon voisin.

— Qu'est-ce que tu en penses ?

— Mon vieux, si je pouvais me planquer comme eux !...

Cela parut être la philosophie de la compagnie qui marchait soumise derrière son mystique capitaine.

Le lendemain, c'était Verdun. Après quelques jours, le capitaine fut tué. Je fus tiré d'une casemate défoncée par l'électricien de Nancy et évacué.

IV

Il y a quelques années, comme je revenais d'un long séjour aux États-Unis, je vis dans une rue de Paris l'annonce d'un film sur Verdun. On en donnait la primeur à l'Opéra, dans une soirée de gala. Je ne vais pas souvent à l'Opéra et encore moins souvent à des soirées de gala, et je me méfiais de la sincérité de ce « tableau d'histoire ». Pourtant, une espèce d'inquiétude avait remué en moi et je regrettais de repartir si tôt de Paris, avant que le film passât dans un cinéma. Mais je reçus pour cette soirée une invitation qui me venait d'un ancien camarade, devenu gros bonnet dans le commerce des visions. Je me décidai à en profiter.

Comme je le craignais, mes nerfs furent d'abord rebroussés au contact de cette humanité qui n'est jamais si laide que dans ces orgies de vanité à bon marché où des milliers d'invitations lancées au hasard rassemblent pêle-mêle les ministres et les concierges, les parvenus et les resquilleurs, les célébrités éphémères et les ratés avides de faux semblant, les légitimes et les illégitimes, les gardes municipaux, les pickpockets, les ouvreuses, tant de gens laids, mal habillés, secrètement sales, ivres de la plus fade tisane d'amour-propre.

Je regrettais amèrement d'être venu là, mais je réprimai mon envie de fuir. Assis dans mon fauteuil, je fermai les yeux et j'attendis.

Puis l'ombre noya cette foule déplaisante et je rouvris les yeux. Je revis ces lieux où j'avais tant souffert et où la souffrance m'avait fait connaître certaines extrémités de moi-même.

Il y eut, d'abord, un long coup d'œil circulaire sur toutes ces faibles montuosités qui marquèrent au nord de la ville la limite de l'attaque et de la défense. Ce fut comme un coup de pinceau qui rafraîchit avec une rapidité magique, de proche en proche, la fresque ensevelie dans ma mémoire. Je revis ce petit matin de février, quand notre régiment s'avança vers Thiaumont, à la découverte, comme en rase campagne, précédé de patrouilles. J'étais d'une de ces patrouilles. Il devait y avoir des Français devant nous, quelques débris de tout ce qui avait été brisé et balayé par la première vague allemande et qui devaient être gisants

à l'extrémité de cette vague, elle-même épuisée et
étale. Et, en effet, dans un creux, près d'un petit bois,
nous trouvâmes soudain une poignée d'hommes
autour d'une mitrailleuse. Ces hommes n'étaient plus
des hommes, et de voir en nous des hommes éveilla
dans leurs yeux une lueur vacillante, prête à retomber.
Ils étaient plus désespérés que des naufragés de la mer
ou du désert, des enfouis de la mine ou du sous-marin,
car ils savaient que nous ne les sauvions pas et qu'ils
retourneraient, après nous qui allions y tomber, à cette
vertigineuse inhumation parmi les trombes du fer. J'en
revois un surtout, un grand gaillard maigre, voûté.
Avec sa peau de bique, sa barbe de huit jours, ses
mains grises, ses yeux hébétés de prisonnier, il me fit
penser à Robinson. Oui, nous étions des Robinsons,
pauvres humains engloutis dans ce chaos déchaîné par
nous-mêmes. Depuis des mois et des années, nous
survivions, dans une solitude inénarrable, pauvres
petits groupes perdus par-ci par-là, dans nos trous, au
milieu de ces vastes espaces pelés et rongés.

Cependant, le film se déroulait, vrai ou faux, incom-
plet et émouvant. Il y a toujours quelque chose de
blessant et d'enivrant pour quelqu'un qui a connu un
lieu ou un être dans son moment le plus tragique d'en
retrouver l'image inattendue et incroyable au hasard
du commerce littéraire, journalistique ou cinégraphi-
que. Quelle surprise et quelle horreur, par exemple,
pour qui a connu un grand homme, de tomber un beau
matin sur un article nécrologique qui, ligne à ligne,
efface tous les traits vivants qu'il a connus. Il en est
ainsi de ce qui a touché à un grand événement.
L'œuvre d'art la plus réussie est une déception pour
qui a tenu dans ses mains la misérable vérité ; elle peut
pourtant lui apporter une ivresse favorable à ses chers
souvenirs.

Les faubourgs, les routes, les forts, les troupes
surprises, les premiers renforts. L'exode des paysans.

Les chefs. Et, enfin, figurés grossièrement, ces Allemands auxquels nous pensions si peu, Robinsons voisins, comme nous engloutis dans la tourmente.

Après un quart d'heure d'enlisement complet dans le souvenir, je revins un peu à l'actualité de ma vie, à la réalité de mon corps, survivant qui se retrouvait là, échoué au rivage, dans un fauteuil et spectateur de son ancien supplice, car cet homme qui court, qui soudain se prosterne et se vautre, qui se redresse humble et sournois sous les fléaux, c'est moi. Et c'est moi aussi qui suis là, en habit, parmi des hommes en habit et des femmes en décolleté, si nets, si intacts. Qui étais-je ? Que suis-je devenu ? Et quels sont ces êtres autour de moi dont je remarque peu à peu le voisinage, à cause de ce silence extraordinaire dont ils m'entourent. Rien de surprenant comme les humains quand ils deviennent profondément, gravement silencieux.

Comprennent-ils ? Savent-ils ? Se rappellent-ils ? Réfléchissent-ils ? Ces femmes ont-elles jamais deviné ? Ces hommes, s'ils y furent, peuvent-ils raconter ?

V

Le silence, derrière moi, fut interrompu par un bref chuchotement, quelque chose de nerveux, d'irrépressible qui éveilla d'un seul coup mon attention. Mais le silence se refit et je revins à ma rêverie.

Le chuchotement revint. C'était, très près et très loin, une voix d'homme, et un léger murmure de femme y répondait. En dépit de l'effacement de l'accent et de la brièveté du souffle, j'étais tout de suite informé sur celui qui était derrière moi. J'étais sûr qu'à l'entracte, en me retournant, je verrais quelqu'un de différent de la plupart de ceux que j'avais entrevus au moment de m'asseoir. Ce n'était pas un bourgeois gourmé, c'était ce qu'on appelle un homme du monde, affectant toujours et partout un peu de dédain. Cette légère complaisance dans l'inflexion, cette affectation de négligence qui tenait les mots du bout des dents, m'en assuraient.

Mais il y avait autre chose dans ces brusques exclamations assourdies qui se répétaient et que ponctuait légèrement une rumeur féminine. Il y avait une curiosité angoissée, déchaînée, difficilement contenue, un intérêt épouvanté et pourtant insatiable. Une certitude psychologique s'installa promptement et définitivement dans mon imagination : cet homme avait eu peur. Comme il avait eu peur.

Comme j'avais eu peur, moi aussi. Comme nous avions eu peur. Quelle peur énorme, gigantesque s'était accroupie et tordue sur ces faibles collines. Quelle immense femelle, possédée d'un aveu cynique, obscène, hystérique, délirant s'était formée, au revers de Thiaumont, au creux de Fleury, de toutes nos peurs d'hommes accroupis, prosternés, vautrés, incrustés dans la terre gelée, fermentant dans nos sueurs, nos fanges, nos saignements. Comme cette femelle avait gémi et hurlé !

Je retrouvais dans ce frémissement verbal, derrière moi, qui, à chaque nouvelle vision, reprenait, inextinguible, inconscient, indécent, — et qui finit par provoquer çà et là des « Chut ! » gênés et effrayés, qui, d'ailleurs, n'en vinrent jamais tout à fait à bout, — l'écho de ce terrible et éternel tremblement des entrailles qui avait possédé deux armées en proie à une chimie de fin du monde.

Le film s'interrompit brusquement et il y eut un entracte.

Mon premier mouvement fut de me retourner pour voir, pour achever de connaître celui qui, dans l'ombre, s'était pourtant tout révélé, sur qui j'en savais plus

que sur des gens que j'avais rencontrés vingt fois de
suite. Mais un instinct me retint, l'instinct du chasseur ; la prudence me renfonça dans mon affût. Je
demeurai assis, la tête droite, mais l'oreille tendue.

Ce ne fut que très lentement que le silence qui avait
partout coulé et scellé sa cire sur les bouches, craqua et
tomba en écailles. Mais, en dépit du brouhaha qui
ensuite se déchaîna hâtivement après avoir tardé, je
pus beaucoup mieux qu'auparavant assouvir ma curiosité, car la voix, maintenant, s'élevait clairement
derrière moi.

Mais, d'abord, ce fut la femme qui parla. Cette autre
voix était assez vive. Si elle n'était pas sèche, elle était
du moins prisonnière de la banalité. Comme celle de
son partenaire, cette voix se moulait dans ces lenteurs
affectées qui marquent qu'on est aristocrate parce
qu'on est un peu paysan et aussi ces soudaines sonori-
tés gutturales qui marquent d'une autre façon encore
l'aristocratie parce qu'on a toujours si bien parlé
anglais. Pourtant, une imperceptible altération mar-
quait que la femme avait été émue ; mais, aux premiers
mots, je pus comprendre que c'était uniquement à
cause de l'intérêt qu'elle portait à son compagnon.

— Ah ! alors, vous étiez à Verdun ? Mais dans l'aviation ?... Ce devait être terrible.

— Non, je n'étais pas encore dans l'aviation. Naturellement, j'étais dans la cavalerie, au début : dans les
dragons. Mais je suis passé dans l'infanterie.

— Non ? Vous avez été dans l'infanterie ?

— Oui, quelque temps... Et, justement, ma division
a été une des premières à venir à Verdun.

— Quelle chose inouïe de revoir cela !

— Oui, c'est très...

— Émotionnant. Pauvre Riri !

— Oh ! je ne suis pas resté très longtemps, mais
enfin...

Son accent n'était plus le même. Nous n'étions plus

dans le noir, où les cœurs s'ouvrent comme dans un confessionnal à une étroite ouverture découpée par une lueur insolite. En même temps que la lumière ordinaire, cette voix de femme l'avait sollicité, et mon inconnu, oubliant peu à peu son émoi, refaisait son personnage de tous les jours. Personnage mensonger plus qu'aucun autre ; car il y avait du mensonge dans cette voix, un mensonge qui hésitait, qui ne retrouvait son chemin qu'avec une certaine peine, mais qui, peu à peu, pourtant, s'enhardissait, s'affirmait, devenait cynique.

— C'est très chic d'être passé dans l'infanterie ! J'ai un cousin qui a fait cela et qui a été tué.

— On était aussi bien tué ailleurs. Mais enfin... Et puis, surtout, Verdun...

— Sans compter que ce milieu de l'infanterie...

— Oui, voilà. Mais il y avait de braves types !...

— Vous avez reconnu des endroits, hein ? Vous poussiez des petits cris.

— Oui, j'étais curieux de voir ça.

— De *revoir* ?

— Oui... Ce corps d'armée était le meilleur corps.

— C'est vous qui avez arrêté les Allemands ?

— Oui, c'est nous. Je me rappelle cette arrivée, le matin. Quand les gens ont su que c'était nous. Oui, je me rappelle...

— Racontez-moi... Comment avez-vous pu tenir ?

— Oui, je me le demande. C'était terrible, terrible !

De nouveau, ce fut l'ombre. La seconde partie du film, qui contait la défense et la prise de Douaumont, était plus terrible que la première. C'était de nouveau le silence autour de moi et qui ne fut plus guère troublé par mon personnage. Mais, lors d'un éclatement, un éclatement noir, qui combla tout l'écran de son horreur volcanique, de sa monstruosité inhumaine, ce fut à moi qu'échappa un gémissement. Et je ressentis en moi ce gémissement comme l'écho incroyablement

affaibli, mais pourtant jailli de la même racine, au
tréfonds de mon âme, que ce cri, ce cri inouï qui sortit
de moi à Thiaumont, à une certaine minute, lors de
l'éclatement d'un gros autrichien. Ce cri m'en a plus
révélé sur moi-même que toute ma vie. Et, de nouveau,
je venais de sentir que son germe était toujours en
moi : le germe d'une douleur et d'une horreur de la
douleur, prodigieusement, l'une et l'autre, réelles. Avec
le même cynisme, la douleur avait bondi sur moi, et
moi, j'avais hurlé contre la douleur. Mon gémissement,
qui n'était qu'un écho de cette puissance tragique qui
m'avait habité, eut un écho encore plus affaibli chez ce
monsieur, derrière moi. Le courant était passé si
prompt de lui à moi que tous mes nerfs le suivirent.
Enfin, je me retournai.

D'un seul coup, je revécus cette mince trame que
Grummer avait esquissée sur la chaîne de l'événement
de Verdun. C'était lui qui était là, qui était venu là.
Quelle envie bâtarde l'avait jeté sur ce film ? La
fascination de son ancienne peur, le besoin de la
raviver, de la nourrir, de l'engraisser d'images. Et
aussi le souhait cynique de s'assouvir encore dans la
fuite, dans le sauve-qui-peut, de se répéter avec une
insistance délicieuse :

— Je l'ai échappé belle ; comme je me suis bien tiré
des pieds.

Mais la parade sournoise et timide de l'entr'acte, il
ne l'avait pas prévue. Il ne pouvait s'imaginer d'avance
qu'à deux minutes d'intervalle il se montrerait à lui-
même dans sa terrible réalité d'homme à la double
fuite, d'homme qui avait fui les hommes, qui avait
rompu le pacte et qui se dérobait encore à leur
jugement, en mentant, dernier trait, en mentant pru-
demment, avec la crainte de se couper.

VI

A la fin, quand revint définitivement la lumière de tous les jours, je me levai, me tournai et le regardai. Nous étions face à face, inondés d'évidence. Il me reconnut ; il n'avait pas prévu cela non plus. Tout son être vacilla. Il pâlit et ses paupières tombèrent. Puis son regard se porta instinctivement vers la femme à côté, que, moi aussi, je regardai. Une sorte de divination la traversa une seconde, puis la quitta. Puis la mâchoire de Grummer, de ce faible obstiné, se contracta comme quand il attendait les télégrammes, et il se détourna résolument de moi.

Je n'avais rien d'un juge, pourtant : mais si mon regard le suivait avec insistance, tandis qu'il s'avançait avec une lenteur calculée vers la sortie à travers la foule, retenant sa main nerveuse qui aurait pu pousser et bousculer cette jeune femme assez jolie, il était mû par la curiosité et nullement par la rancune.

Comment lui en aurais-je voulu ? Il avait eu peur. Moi aussi. Avais-je maîtrisé ma peur ? Certains jours ; à d'autres, elle m'avait entièrement possédé. Il avait plutôt eu peur de se perdre dans la foule que de se perdre dans la mort. Il avait plutôt eu peur de nos rires étourdis d'hommes habitués à la dureté que de cette dureté même. Si le télégramme n'était pas arrivé à temps, il aurait peut-être assez bien tenu le coup, comme l'ouvrier des usines de guerre l'avait tenu jusque-là.

Était-il, au contraire, de ces rares lâches qui le sont vraiment, passionnément, incurablement ? Peut-être aussi. Dans les guerres et les révolutions, on voit de ces hommes furieusement avares de leur sang comme d'autres le sont de leur or.

Je le suivis jusque sur les marches de l'Opéra. Il se retourna, la femme aussi, qui sentait mon regard.

Le voyage des Dardanelles

Entre les vieilles planches qui branlent monte l'appel d'un gouffre obscur. Mais je rejette mes yeux aux alentours où le soleil sur des surfaces d'ardoises et de blé tendre s'appuie plus solidement que moi. L'église, dont chaque jour j'occupe le clocher, est située vers le haut d'une de ces pentes indéterminées qui, en se recoupant en des lointains fuyants, font vaste cette contrée. Contrée aplanie par les labourages séculaires, contrée plate où de mon perchoir le pommelage des arbustes, le foisonnement des haies et les rideaux tirés du feuillage n'amusent plus ma vue comme quand j'ai pied à terre et me promène à ras du paysage.

Il y a une grande route qui monte doucement cette pente peu sensible. La petite ville normande est aux deux bords de cette route, et l'étroit et oblong quadrillage de ses rues qui enserrent autant d'arbres que de maisons est comme une barrière en claire-voie renversée sur l'herbe verte.

Du côté de la route opposé à l'église, mais un peu plus bas, le joli parc de Guivre, à l'orée de la ville, est une campagne dans cette campagne tout aménagée ingénument. Les proportions du château lui-même sont simples et justes, et les ornements ne paraissent que l'épanouissement de ces proportions. Avec ses mascarons Louis XV, cette construction secrètement

savante ne paraît qu'une grande maison, culminement
de toutes les maisons, de toutes les fermes du pays. Ici,
l'on oublie une amère différence entre la ville et la
campagne. C'est encore le temps où la ville imbue dans
la campagne ne fait que lui renvoyer par le truchement
de ses architectes la fleur de ses sûrs enseignements.

A l'autre bout de la ville, il y a un autre château,
réduit à une tour fruste. C'est là qu'est né Guillaume,
dernier duc de Normandie et premier roi normand
d'Angleterre. Souvent quelques-uns parmi les plus
anciens de nos voisins anglais viennent, dans de nobles
autos, voir le nid d'une de leurs lignées. La Normandie
a conquis l'Angleterre, mais l'Angleterre le lui a bien
rendu : les ancêtres de ces touristes ont souvent che-
vauché par ici. Que de tiraillements entre voisins, et il
a fallu bien du temps pour que les uns et les autres se
séparent. Enfin, la mer a coupé une race entre deux
patries.

En haut de la côte, non loin de mon observatoire
ajouré, il y a une masse de bâtiments énorme, insolite.
Ce lot de maçonneries administrativement raides et
mornes sont de notre âge ; ce sont des casernes.
Ordonnées et puantes, elles renfermaient la vie, d'ailleurs campagnarde et familière, d'un bataillon. Mais
derrière ces murs abstraits, on ne tenait qu'une part de
la jeunesse de la région. Le reste était parti par ce
chemin de fer qui, prenant en écharpe le parc de
Guivre, dans une agression grossièrement intellectuelle, l'a réduit à une étroite futaie. Les deux autres
bataillons du même régiment s'étiolaient à deux pas de
la place de l'Opéra, à la Pépinière, au sein du surnom-
bre citadin.

Le soleil sur la campagne peint les beaux verts des
blés. Il n'est pas une heure de l'après-midi. Tout
somnole dans le bourg qui s'enlise dans tous ces verts
préparés autrefois par les mains d'hommes sans doute

endormis là dans ses maisons pour les premières
siestes de l'année. C'est la paix.

Non, c'est la guerre.

La grosse caserne n'est plus que le centre trop étroit
d'un catastrophique rassemblement d'hommes qui
bourre toutes les maisons de la ville et jusqu'aux
hameaux environnants. La petite ville est gonflée
d'hommes et pourtant il en est déjà parti pour la plus
grande de toutes les villes, bien plus grande que celles
où dans des garnisons on les faisait autrefois attendre,
cette ville-taupinière qui s'étend par le travers de
l'Europe et qui remplit la terre de dix millions d'hommes vivants ou de cadavres.

Voilà qu'en bas de mon clocher, la petite place
ravinée, et qui s'en va tout de biais et tout en pente,
s'anime. C'est le rassemblement de ma compagnie de
dépôt pour le rapport quotidien.

Je ne vais pas me déranger pour ça. Je n'en fais qu'à
ma guise. Il n'y a, du reste, que laisser-aller dans ce
dépôt où les hommes et les officiers marqués pour la
mort sont confondus dans une sournoise complicité.
Seul, le commandant du dépôt, honteux de n'avoir pas
mérité un bataillon au front, s'agite au milieu de la
mollesse réticente de cette foule. Il n'obtient que de
vagues exercices, de vagues services en campagne. Les
vétérans, il ne peut les remuer, inertes ou hargneux au
besoin. Seuls, ceux qui ont été détachés à l'instruction
des recrues dans un village écarté, payent d'un zèle
bourru quelques mois de vie. En ce début de 1915,
après les tueries de Champagne et en attendant la
première offensive de printemps, l'armée se complaît
dans son inertie, cette inertie élastique qui a donné la
Marne ou Charleroi. Nous sommes là dans nos petites
capoues rurales.

Je suis doublement tire-au-flanc comme ex-blessé et
comme bourgeois. On s'imagine que je suis fils de
quelque colonel — c'est une façon d'exprimer mon

immunité. Quand je ne file pas sur Paris par Colbeuf, je suis dans ma chambre à l'hôtel du Cerf-Couronné. Là, je rêve aux femmes, je lis *l'Action Française, l'Homme enchaîné* et le *Journal de Genève* — pour me faire une opinion sur le secret des événements. Et n'y voyant goutte, je me rabats sur Pascal — très lu pendant la guerre. Ou je fais de petites orgies avec les bourgeois du régiment.

Quelquefois, je vais au château où la famille de Guivre poursuit son vain rêve, enserrée par les cantonnements d'une démocratie qui célèbre le soir par des libations tristes mais gueulardes le droit de l'homme à faire la guerre. Par une porte de derrière, le vieux M. de Guivre, qui est ancien marin et astronome, charmant vieux sage à la barbe folle, avec ses sabots et sa pèlerine endeuillée, se sauve jusqu'à mon église où dans une pénombre épouvantable il ressasse sur l'orgue les thèmes continus de la sacrée mathématique.

Depuis qu'il fait beau, je monte tous les matins sur le clocher branlant pour voir avec béatitude toute cette aventure saugrenue se noyer dans les verdures étalées à perte de vue.

Mais on sait que je suis là et on m'appelle.

— Dis donc, sergent, on demande des volontaires pour le corps expéditionnaire de Turquie.

Je suis là au milieu du carré. Tous évacués. On se connaît de Charleroi, de la Retraite ou de Champagne. Des paysans et Parisiens plus ou moins alcooliques : ceux-ci ont la face verte, les autres l'ont rouge. Des uniformes multiformes. Un bariolage et un débraillé tout à fait réussi pour le xve siècle, peu rassurant pour une guerre du xxe.

— La compagnie donnera vingt volontaires pour le régiment que forme le corps d'armée. On touchera deux bataillons à Lyon.

Je frémis. Je rêvais de Turquie depuis quelque temps, n'ayant pas pu passer dans l'armée anglaise où j'aurais eu un costume net et participé à quelque chose d'un peu plus soigné et relevé en apparence que notre hétéroclite tumulte. D'ailleurs, tout le monde rêvait à quelque Turquie ou Maroc et chaque régiment, en se réveillant, le matin, s'imaginait un instant embusqué en bloc, transporté dans un pays de rêve. C'était un pays où l'on tuait les autres êtres sans être tués et où l'on finissait la guerre. On était séduit par cette idée de mouvement tournant qui nous éloignait du théâtre principal des hostilités. Il nous semblait urgent d'aller chercher les Allemands là où ils n'étaient pas. Les Turcs nous paraissaient des adversaires pittoresques, distrayants — et pénétrables.

Je regardais mes bonshommes. Pour eux, on allait ailleurs. Tout semblait préférable à ce sol natal, si peu sûr. Mais quand même, volontaires ? Ils n'avaient pas l'habitude de vouloir, ils avaient l'habitude d'être voulu. Alors ils me regardaient.

Ils me gobaient. J'étais feignant comme un loir au Dépôt, ayant été assez entreprenant dans un certain bois en Champagne. Je les comprenais et pourtant ils savaient que j'avais ma philosophie qui n'était pas la leur. Ainsi j'étais dangereux comme tous les chefs, mais d'une autre manière qui les changeait, pas hypocrite. Ça s'arrangeait comme si je leur disais : « Ne faites pas trop ce que je fais, parce que j'ai des droits que vous n'avez pas, vous le savez bien. Ces droits, j'en use avec un regret ironique de l'impossible perfection, mais pourtant j'en use. Et d'ailleurs ce que je fais de mal, je le fais peu et je le fais bien. Et vous ce que vous faites de mal, vous le faites trop et mal. Quand vous vous saoulez, c'est comme des cochons, et moi, c'est comme un psychologue, curieux de nouvelles déductions. Il y a de bons et de mauvais chefs — qu'ils soient sortis du rang, ou qu'ils aient de l'éducation : je suis un bon chef, c'est-à-dire un fin démagogue. Comprenez mes demi-mots. »

Il n'y avait pas d'officiers à ce rapport. Seulement un
adjudant de réserve et un gros sergent-major. Alors je
leur dis :

— Moi, j'y vais.

— Alors, on y va, dirent-ils. Tu parles qu'on y va.

Alors je me retourne et je dis : nous y allons. Sur les
autres faces du carré, ils n'étaient pas aussi éveillés.
Alors d'un coup, toute la face du carré, toute la section
part pour Constantinople. Ces Normands, toujours
voyageurs. D'ailleurs la moitié de ma section, c'étaient
des Parisiens.

Il y avait Minet qui était fils d'un charcutier du
faubourg Montmartre et apprenti machiniste. Il y
avait Murat qui était acrobate et maquereau. Des
paysans et des ouvriers ou petits employés. Il y avait
Le Sénéchal qui, plus tard, fut bien content parce que
Germain de Guivre, dont il était un des fermiers, partit
aussi dans les muletiers. Germain de Guivre était le
dernier peintre d'Europe.

II

Le régiment était dans ses trains entre Lyon et
Marseille. A Rouen, il avait mélangé dans son fond les
Normands et les Parisiens. A Lyon, il avait avalé les
Bourguignons et les Auvergnats et des gens de par là ;
et des Poitevins et des Gascons. Il s'en allait, gros corps
inconnu, vers la mer et les pays étrangers.

Ma section s'était complétée de quelques clients
inattendus. On avait déjà besoin d'hommes, alors on
avait puisé dans les prisons. J'avais reçu trois repris de
justice et interdits de séjour, dont un assez difficul-
tueux. Dans un sombre renfoncement antisocial, prêt à
donner sa vie pour sa vie, c'est-à-dire à risquer douze
balles pour sauver sa peau, il ne me blairait pas, et je le

craignais. Mais avec les deux autres qui étaient copains intimes et mutuellement répondants dans une entreprise de filochage discret et mesuré, ça pourrait aller. On se plaisait.

Nous étions arrêtés le long de la voie au milieu d'une garrigue provençale qui paraissait bien sèche à nos Normands, déjà un peu turque. Les hommes descendaient pour rigoler, pisser. L'éternel civil de bonne volonté arrivait pour remplir les bidons. Mais j'étais soucieux.

Pietro, sur le ballast — encore un qu'on avait touché à Rouen — était saoul. Pietro, clown au cirque Medrano, était haut comme ma botte. Il était affranchi, lui aussi, mais dans un genre tapageur, avec pourtant des dessous de cautèle. Aucune vergogne, une malignité véroleuse, et dans son sac des tours sordides. Tout cela, je l'avais deviné au premier coup d'œil.

J'engueulais Pietro, mais mon engueulade mal partie n'avait pas trouvé le joint et Pietro se butait. Le train sifflait, le clairon claironnait, et Pietro restait en carafe en bas du ballast, attendant contre tout espoir son bidon qui ne revenait pas.

— Pietro, j'en ai marre de tes histoires. Tu commences à me faire suer sérieusement. Si tu continues, je...

— Ben quoi, mon bidon, c'est la propriété de l'État, je te dis.

— Pietro, je vous prie de ne pas me tutoyer. Si vous ne montez pas, je vous raye de mes petits papiers.

Que pouvais-je contre lui ? Que pouvais-je pour lui ? Seuls, mes deux poings auraient pu tout arranger, en le cognant une bonne fois. Mais je n'avais pas de poings.

Le train s'ébranlait. Voilà le bidon qui arrive porté par un garçonnet qui court, essoufflé mais faraud. Pietro dont les jambes commençaient à remonter le ballast, redégringole, la tête la première.

Le train marche, plus de doute. Alors je me retourne vers les deux copains interdits de séjour.

Ils bondissent sur la voie, empoignent Pietro et le hissent trois wagons plus loin, en queue du train.

L'ordre règne dans la famille, mais Camier, le méchant repris de justice, me jette un regard de menace. Son point d'honneur l'oblige à être contre un chef qui gouverne par la ruse plutôt que par la force, car entre lui et la société ce ne peut-être qu'une question de force.

III

Le régiment, français de la tête à la queue, déboucha du fond des provinces dans une Marseille étrange, plutôt étrangère. Au premier abord, Marseille paraissait encore française, comme l'intérieur des provinces, même à des Normands et à des Auvergnats. Marseille était peut-être une ville de boulevards gris, une ville du Nord où il fait chaud en été. Mais en y regardant de plus près, on voyait de drôles de gueules. C'est immense et énorme. Bah, une grande ville. On en a vu d'autres. Mais il y a une poussière grise au milieu de laquelle on est dénué, tout d'un coup. Ce n'est pas un gris, une poussière qu'on connaît. C'est ailleurs. D'un quartier éloigné, nous allions vers un autre quartier éloigné. Je ne reconnaissais pas Marseille où j'étais passé, enfant, pour aller à Cannes.

Le régiment trouvait qu'il faisait chaud. Le régiment puait le pied crasseux et graissé à pleins bords, la rue lui rendait une odeur d'aisselles. Tout engoncés dans nos nouveaux uniformes bleus qui justement étaient faits pour le pays que nous quittions, nous allions lourds, avec nos armoires à glaces, chétifs et roides, avec des parties puissantes et musclées, et aussi des dos ronds, en tout cas une inaptitude complète aux croisades.

Nous étions trois mille. Un régiment tout neuf comme s'il n'y avait pas eu déjà cinq cent mille tués, sans compter les prisonniers, les estropiés, les vénériens, les découragés.

Nous allions entre deux trottoirs où s'étonnait une population qui n'en avait jamais tant vu depuis les anciennes guerres ou révolutions. La Méditerranée commençait vraiment à se remuer. Au même moment, l'Italie entrait dans la guerre. Le contre-coup de cette nouvelle levée, après les arrivages d'Arabes et de nègres, les convois australiens, les escales japonaises ne bouleversaient pas tant Marseille que cette descente de la France du Nord. Mais ce bouleversement restait obscur et la foule ne trouvait pour l'exprimer que les pensées apprises : braves petits soldats ou pauvres petits. (C'est un fait que les soldats français sont petits — sauf moi et Muret l'acrobate. Mais Pietro dans le petit exagère. Et sa démarche à ras de terre est une insulte à l'idéal militaire.)

Je m'étonnais, du reste, que cette foule pût lâcher seulement un instant tous les chiens qu'elle avait à fouetter. Il y avait là des femmes qui avaient perdu leurs maris et n'avaient pas trouvé à le remplacer, d'autres qui le remplaçaient sans l'avoir perdu. Il y avait des orphelins. Des prostituées. Des bourgeois inquiets. Des ouvriers engraissés. Des nouveaux riches, très affairés. Mais ce qui embrouille tout et confond tout, c'est la musique militaire.

Tout prend un sens dans ce boulevard, tout va dans un sens. On emboîte le pas à une vie ramassée et raccourcie qui sait où elle va, à la mort. L'œil fixé sur ton but, tu trouves ton rythme. Un rythme, c'est énorme, ça suffit. Le premier rythme qui passe. C'était plein de nègres, de Chinois, d'Indous, et d'un tas de gens qui ne savaient pas d'où ils étaient — ils étaient nés dans le grand tunnel où entre les deux tropiques la misère et le lucre se battent et copulent — mais qui

nous emboîtaient le pas. Du moins, nous le croyions.
Tout ce rythme affolé des usines, du port, des bordels,
de la police, des hôpitaux, des cafés, des familles, se
tassait dans le rythme de notre clique. S'en allant
contre le Turc, à tout hasard, le régiment provincial et
campagnard s'avançait à travers ce pays d'étrangers,
qui était aussi une vieille ville de province, pleine de
familles vigilantes. La vieille France se raidissait, et
une ancienne élite largement aidée par une démocratie
avide de gros salaires et de petites rentes en profitait
pour gagner de l'argent et consolider un empire.

Et moi, j'étais là dedans, perdu, me perdant, ivre de
perdition. Oubliée, ma personne bourgeoise. Une fois
de plus je me jette dans la guerre, dans la foule, dans la
cohue armée. Ah, cette fois-ci, c'est la bonne. Je n'en
sortirai plus, je ne veux plus en sortir.

IV

Mais, avant de me perdre, encore moi une minute,
encore une petite aventure individuelle. Avant de
quitter ce rivage, je peux bien fausser compagnie une
dernière fois à ce régiment qui m'a séduit par l'absurdité de son destin collectif.

Le régiment s'en était allé camper dans un Luna-
Park ou parc de la Lune abandonné ; il faisait ses
litières parmi les montagnes de carton-pâte et les
toboggans dont les pentes vides filaient vers le ciel.

J'étais de service, ce soir-là : mais l'autre sergent qui
avec moi encadrait la section et qui était un vieux
retraité corse, engagé volontaire dans l'active, s'empara avec amour de la consigne que je laissais tomber.
Je me rendis dans les beaux quartiers et j'entrai dans
une pâtisserie — chez Vogade — avec Bailly, un jeune

brancardier ramassé à Rouen ; et je tombais à bras
raccourcis sur la première bourgeoise venue.

Elle goûtait avec sa sœur et les enfants de sa sœur.

« — Ce n'est pas tout ça » lui dis-je entre deux éclairs
au chocolat. C'était une de ces brunes, maigres, de ces
chèvres efflanquées.

Elle me regarda avec des yeux blancs, elle qui les
avait si noirs. La sœur, se hâta de payer les éclairs et
emmena les enfants, ce qui prouva qu'elle était de
mèche, et je rejoignis la chèvre sous une porte cochère.

D'une voix sèche, elle me demanda quelques rensei-
gnements sur mon état-civil. Le désir — une fois de
plus — lui serrait la gorge, mais elle ne perdait pas la
tête. Elle administrait son caprice comme une affaire,
qui devait être preste, discrète, profitable.

— Vous restez à Marseille quelques jours ?

— Nous ne savons pas, nous sommes assez pressés.
On nous attend, mais il faut le temps de respirer.

Elle me désigna un hôtel où je prendrais une chambre. Elle viendrait me voir tout à l'heure.

Elle avait dû se tromper ; c'était un hôtel rempli de
curés. Quand elle vint, on lui interdit mon alcôve et le
même bedeau vint m'assurer qu'une parente m'attendait dans le salon. J'eus envie de protester que cette
parente c'était une putain et qu'une fois encore j'allais
mourir sur un front ; mais ma protestation ne me vint
que dans l'escalier.

Dans le salon, une dame se tenait hautaine et
blessée, une dame provinciale, corsetée de qu'en dira-
t-on, avec un chapeau mesquin. Elle me reçut fort mal,
comme si j'avais choisi ce repaire de curetons. Mais,
comme ça la tenait, elle m'indiqua un restaurant où je
retiendrais un cabinet particulier, elle y viendrait
après le dîner.

J'y allai, comptant tomber sur une table d'hôtes
pour évêques. Mais non. J'attendis une heure. J'étais
fou. Dehors, la fête de la nuit, de cette nuit de

printemps, d'anarchie guerrière et de transit universel,
battait son plein. Elle vint et d'abord mangea de bon
appétit, bien qu'elle eût déjà dîné sans doute à la table
de sa sœur. Ensuite, c'était une putain. Ce qu'elle
voulait c'était ça, et vite. Elle s'allonge sur le canapé et
soulève ses jupes. Moi aussi, certes, je voulais ça, mais
aussi autre chose. Enfin nous faisons ça.

J'ai su depuis qu'elle était d'un assez beau monde,
recuit dans le notariat. Elle me traitait avec dédain
comme un petit soldat, qui ne savait pas très bien faire
l'amour, qui galopait et qui n'avait pas beaucoup
d'argent. Moi, j'étais silencieux et désespéré. Ne pen-
sant qu'à ça, je ne pensais qu'à ma vie qui fichait le
camp avec ça. C'est la dernière fois ; cette fois-ci, c'est
la dernière fois. Ce n'était jamais la dernière fois
pourtant pour moi dans cette guerre ; trop anguille.
Vingt-deux ans et cinq mois. La tête tondue, un corps
de premier communiant avec des rugosités de
nigousse. Elle continuait sa comédie de tous les jours ;
moi, j'étais ailleurs. Nous nous fichions éperdument
l'un de l'autre. Elle prenait son plaisir, et moi je
regardais le sablier. Elle appréciait peu le pathétique
du moment, car il y avait un an déjà qu'elle chassait
ces moments-là et s'envoyait des militaires de passage.
Son mensonge ronronnait entre les intervalles ; je
l'écoutais d'un air distrait, avec une arrière-pensée
triste et maligne. « Écoute-moi cette putain tu n'aurais même pas à regretter les femmes. Ah, partir,
vivent les hommes, vive la mort. » Ma situation était
désespérée, mais elle trouvait moyen d'y ajouter. Dans
ce petit salon immonde, pendant deux heures
d'horloge, elle m'expliquait, dès qu'elle en avait le
temps, comme elle aimait son amant qui faisait la
guerre en France. Et elle se faisait payer du champagne. Pour un peu, elle se serait fait donner de l'argent,
pour mieux profiter.

Et voilà justement qu'à la fin elle me demande de

l'argent. Elle avait dans l'idée que je devais en avoir un peu, plus qu'il ne m'en fallait — ce n'était pas pour rien qu'elle m'avait interrogé sur ma mère — et qu'autant valait en profiter. C'était une bourgeoise pour qui la guerre était un ensemble assez compliqué des restrictions et de relâchements.

Je ne fus pas blessé de cette mise au point. A vingt-deux ans, peu déniaisé, retenu par des timidités ou des dégoûts, militaire depuis longtemps, ne connaissant guère que le bordel, j'avais le sentiment de mon infériorité comme amant, ce qui se paye. Elle avait d'autres besoins que de faire mon éducation ; et puis, avec mon matricule, j'avais plutôt l'air d'un corps destiné à faire une carrière dans la mort que dans l'amour.

Pourtant je ne lui donnai pas d'argent, car ce soir-là je n'en avais guère, ayant tout dépensé à Rouen et attendant un mandat de ma mère. Mais je lui en promis pour le lendemain non sans arrière-pensée, ce qui fit qu'elle me promit un autre rendez-vous.

Enfin, elle s'en alla rejoindre sa sœur au cinéma. « Pour que ma belle-mère ne sache pas. » Elle avait aussi un mari.

Après cela, j'allai me coucher dans mon hôtel à curés. J'avais arrangé un système de téléphone pour être prévenu de ce qui se passait à Luna-Park.

Mais je dormis mal, parce que j'avais la crainte que le régiment ne partît sans moi.

Le lendemain, quand je vins à Luna-Park, je trouvai que tout le monde était allé se promener, y compris le colonel qui n'avait jamais vu la mer et je trouvai mon mandat. Avec Bailly, j'allai retrouver les Werfel. Bailly était un joli garçon rose, avec des yeux bleus que j'avais déjà rencontré dans une ville d'eaux. Il sortait des jupons de sa mère. Or, depuis Rouen nous suivait une famille, M. et Mme Werfel, derrière leur fils Werfel qui était avec nous et qui était l'arrière-petit-fils d'un

cuirassier juif de la garde impériale. Mme Werfel qui
n'était plus toute jeune mais qui avait été sans aucun
doute ravissante, était tombée raide amoureuse de
Bailly. En sorte que la famille Werfel suivait aussi bien
le soldat Bailly que le soldat Werfel. Bailly prit une
chambre dans mon hôtel à curés. Plus heureuse que la
chèvre, Mme Werfel y pénétra, sous prétexte qu'elle
était mère de soldat, et du soldat Werlef qui venait voir
le soldat Bailly.

Après le déjeuner, Mme Poulpic-Canaris — mais je
n'ai su son nom qu'après, pour le moment, elle s'appelait Mme Moreau — me téléphona et me donna rendez-
vous chez sa couturière qui avait une pièce en trop.

En entrant dans cette chambre sordide, où s'étaient
agités tant d'autres adultères anodins, je tirai avantage
aussitôt des cinq cents francs que j'avais reçus. J'en
parlai, ce qui doubla le désir que pouvait avoir de moi
cette femme. L'argent peut aller avec la volupté. Car si
elle avait un désir passionné de bas de soie, c'était pour
le lendemain en affoler encore un autre, pareil à moi.

Elle se dévêtit et m'exhiba une poitrine flasque, qui
se tordait d'une façon émouvante sur un bréchet
provocant. Deux ou trois poils bruns se hérissaient
avec la pointe de ces seins et il y avait un contraste
échauffant entre des dents blanches et une maladie de
foie. Enfin ses hanches que la maigreur carrait et
rendait assez arides, se lustraient sous la main et se
fuselaient.

Une minute, elle se prit aux tâtonnements éperdus
de mon art sans lendemain. Moi, je me désespérais de
ne pas pouvoir une heure connaître la femme avant
que la mitrailleuse turque ne me crible le ventre de
balles.

— Songez, madame Moreau, lui dis-je après un
premier transport, que si je restais quinze jours à
Marseille, je finirais par vous toucher.

- Qu'est-ce que tu veux dire ? Je m'appelle Berthe.

— Oui, à force de bonne volonté. Je ne demande qu'à apprendre.

Les femmes jusqu'ici m'ayant été sévères, j'imaginais que j'étais vraiment humble. En mettant beaucoup d'acharnement dans l'humilité, je pensais arriver à un résultat.

Que cette femme ne se laissât pas aller à l'intérêt qu'éveillait quelque part en elle la supplication muette de mes mains, et que de la sensualité elle ne brulât pas le chemin naturel qui mène à la tendresse et ne me prît pas la tête dans ses mains, cela, malgré toute ma résignation du premier moment me glaçait encore le cœur. Sa méfiance allait me laisser de la vie un visage hideux. « Oh vous qui restez derrière et debout, songez à l'image du monde que je vais enterrer. Craignez l'horreur qui fermentera dans ma tombe. » On remue les maléfices qu'on peut.

Mais je l'agaçais par tout ce qu'elle sentait de mépris sous mon humilité. Ce mélange de lucidité, de dédain, de cruelle pitié qui se trouverait composé dès la vingt-cinquième année, s'annonçait sans doute déjà dans cette chambre aux persiennes fermées, en dépit de son appareil humiliant, en dépit de son odeur de poussière et d'eau de toilette. Les mots et les gestes me trahissaient. Là où j'aurais voulu être ironique j'étais gouailleur et, la minute d'après, je gémissais quand j'aurais voulu seulement soupirer.

Si bien que je finis par renoncer à moi, je m'abandonnai à la mitrailleuse turque.

Je me levai de ce lit discuté, je fouillai dans ma capote et je jetai cinq cents francs sur le lit. Elle sauta dessus, mais comme n'importe quelle putain l'aurait été à sa place, elle fut horriblement froissée de ma subséquente abstention. Je n'étais pas juste. On ne peut pas payer sans prendre toute la marchandise.

Je me rhabillai, mâchant mon fiel à pleine bouche.

Elle se rhabilla aussi dans un silence extrêmement gêné, n'arrivant pas à retrouver son venin.

Au moment de nous séparer, je la pris à bras de corps, et l'embrassant sur la bouche avec une chaleur qui lui prouvait bien que j'étais resté sur mon appétit et aussi une science soudaine, je bafouillai.

— Putain, je t'ai donné tout mon argent. Je n'aurai même pas de quoi me saouler, ce soir. De Turquie ma malédiction viendra jusqu'à toi, quand la mitrailleuse turque me criblera le ventre.

Les lèvres éveillées, elle mit la main à son sac pour me faire la charité, mais je pris la porte.

Je ne la revis plus. Je quittai l'hôtel des curés où elle me téléphonait. Je fus beaucoup plus libre pour jouir de Marseille. Il y a de longs côtés de la vie dont on ne peut jouir que si l'on est sans femmes. J'avais de nouveau de l'argent, emprunté à Bailly, en attendant de nouveaux mandats. Je faisais chanter ma famille. Le soir même je me saoulai.

Et dès lors je ne quittai plus le contact intermittent avec l'alcool pendant plusieurs années. Ainsi je sortis vraiment de l'adolescence et j'entrais dans la vie. Se saouler était le signe que j'entrai dans l'irrémédiable. Et pourtant l'amertume se glissait à peine dans mon jeune foie.

La vie s'organisa. A chaque heure on devait partir ; à chaque heure on restait. Je donnais de l'argent à des sous-officiers pour faire le service à ma place. Je me baguenaudais toute la journée, tantôt avec la famille Bailly-Werfel, tantôt avec mes interdits de séjour.

— L'ami, me disait l'un en me parlant de l'autre, a épousé la fille à ma *femme*. Nous habitons à Clignancourt. On n'a pas le droit, mais on travaille.

L'autre ajoutait :

— Sergent, tu es un gentil petit gars. Tu as des sous, c'est ce qu'il nous faut. Faudrait pas que quelqu'un t'emmerde dans la section.

Il pensait au repris de justice.

Nous allions dans les mauvais lieux. Je payais à boire. Je leur offrais des femmes. Mais ce n'était pas des hommes à payer les femmes : ils avaient vite conclu des arrangements.

Au collège déjà j'aimais les mauvais élèves. Mais il ne faudrait pas croire que j'étais dessalé. Quand tu es d'une classe, tu es à jamais exilé des autres classes. Et le somnambule est exilé de toutes les classes, bien qu'hébergé par toutes.

Le régiment était complètement dissous dans Marseille. Les ports, ce sont des pays à part, qui n'ont rien à voir avec le pays de paysans ou d'ouvriers ou de bourgeois où ils s'enclavent. C'est plutôt comme des couvents ou des ghettos. C'était plein de nègres, de Chinois, d'Hindous, de Levantins, de gens nés dans le tunnel entre les deux tropiques de parents inconnus. Un régiment français était perdu là-dedans.

Et puis, au beau milieu d'un déjeuner, on cria que le régiment était parti. Nous le rattrapâmes au coin d'une rue.

Le régiment était saoul et s'en alla cuver son vin entre des tas de charbon, après un beau défilé scandaleux, qui zigzaguait dans l'indulgence.

Derrière le tas de charbon, Bailly était embrassé par Madame Werfel, tandis que Monsieur Werfel se faisait montrer la lune en plein midi. Et les repris de justice parlaient cérémonieusement à deux âmes-sœurs échappées de leur claque. Moi, j'étais seul.

V

Tous ces matins-là quand je me réveillais au son des vives batteries sonnantes du réveil en campagne, je croyais que c'était arrivé. J'avais démarré.

D'abord, je sens la rosée sur ma face. Et si mes membres sont perclus par le froid qui a percé la toile de tente, aussitôt que je remue voilà un jeune sang qui saute. C'est ça vivre pour un garçon.

Et j'ai des compagnons... Non, n'exagérons rien, j'entends leurs voix geignardes. Ce ne sont pas des compagnons.

Enfin, je suis entré dans la vie que je rêvais, dans mon rêve.

Mon rêve. Qu'est-ce donc que mon rêve ? D'abord, être dans la nature. Forcément, puisque j'ai étouffé jusqu'à la mobilisation dans une grande ville comme dans un sac. Mais, au fond, je ne voudrais pas être seul dans la nature. Eh bien, ici nous sommes trois mille.

Ensuite, loin des femmes. Car nous sommes trois mille, mais des hommes. Je n'ai même pas le temps de regretter les garces. Je suis délivré pour un temps de cette vie sexuelle des villes, abusive. Toute ma pensée peut se concentrer et toute mon action.

J'aime être parmi cette foule d'hommes, parce que les autres y sont fondus, désarmés. J'aime mieux me promener parmi la foule qui froisse vaguement qu'à côté d'un ami qui, par sa particularité, me fait un accroc. Je ne veux pas que quelqu'un s'attache à jamais à moi, et je ne veux pas m'attacher pour toujours à quelqu'un. Je veux voir beaucoup d'hommes. Que chacun me fasse connaître un côté de moi. Mais si je restais auprès de l'un d'eux, un seul de mes côtés se fixerait, et ainsi je me blesserais, comme un cheval à son harnais.

Le rêve de ma vie, c'est un fait très précis comme tous les rêves ; c'est donc une certaine vie. Être. Pour être, ne pas être connu. Être, terriblement, irrémédiablement. Pour cela, être inconnu.

Si je suis entré dans ma vraie vie, dans mon rêve, c'est justement que je suis entré dans ma solitude. Ma solitude est active, c'est d'être perdu et roulé dans la foule des peuples. A jamais ignoré, à jamais oublié.

La vie nue, avouée, telle qu'elle est vraiment, sans leurre. Le bruit qu'on pourrait faire serait aussi bien perdu. C'est aussi pourquoi je ne veux pas qu'ils me connaissent. Parce qu'ils me connaîtraient mal. Plutôt inconnu que méconnu, et plutôt inconnu que peu connu.

Je frissonne d'horreur, quand je pense à la gloire, à son illusion destructive.

Plus de famille, plus de souci de métier ni d'argent. Plus de vanité, plus d'avenir. Si j'ai le courage d'être, inconnu, je serai terriblement.

Mais qui serais-je ? Je ne serai pas quelqu'un ; je serai, simplement. Un homme, l'Homme qui est au milieu du monde — sans qu'il y ait de dieux pour le regarder. Car je ne suis pas une pensée, un rêve, une luciole fugitive. Je suis en chair et en os. D'abord en chair et en os. Ce qui est bien, c'est que je suis nu, c'est-à-dire sans argent, avec une chemise de rechange, un homme qui a restitué en lui le rudiment de toute réalité, qui travaille avec ses mains et ses pieds, qui mange, qui boit, qui dort.

Plus tard, socialement je serai aussi. Peu à peu j'accumule tellement d'être que ma présence secrète au milieu des hommes se fait sentir. Ah, je crois au rayonnement de la prière, à la communication, à la réversibilité de la grâce : moins je suis connu et plus je suis parmi les hommes. Plus ils me sentent. A la longue, ils sont imbus de moi. Cela devient même gênant : on me regarde, il me faut m'en aller plus loin, mais ainsi il m'est prouvé que non seulement je suis en chair et en os, un manuel, un ouvrier — mais aussi un agent social, un instigateur zélé. Ma solitude est un moyen subtil de collaboration.

— Ou est-ce que je me leurre ? Est-ce que je me dérobe ? Trop raffiné, trop dégoûté ? J'ai donné à ma

famille une fausse adresse, un faux numéro de secteur.
Cruel jeune homme. Ainsi je suis nu, je ne reçois pas de
lettres. C'est peut-être ma manière d'être un moine ?

En tout cas, c'est très drôle par moments cette vie,
mais ce n'est pas drôle tout le temps. Donc, puisque
mes sensations sont contradictoires et forment un
complexe, il n'y a pas de doute : je suis dans le réel.
Être pauvre, c'est être sale. J'ai des morpions que ma
crasse engraisse. J'ai pioché et j'ai des ampoules. Mes
muscles me font mal. J'ai soif tout le temps. Tondu et
barbu, je suis laid. Je ne reçois pas de lettres. Je
mourrai totalement ignoré. Ma mort ne fera pas un pli.
O mon beau silence. C'est mon général dont on parlera.
Cette épreuve n'est pas une feinte, elle est sans retour.

Telle est ma règle. Elle n'est bonne que pour moi et
pour quelques autres.

Mais si je sors de la tente, je suis au flanc d'une
montagne et mon regard plonge dans une immense
baie. Ma montagne se continue par d'autres montagnes qui au loin entourent toute la baie. Sur les flancs
de notre montagne campe une armée. Dans la baie il y
a une flotte. Voilà la vie de l'humanité : on s'en va à
travers la terre toujours de siècle en siècle.

Mauvier — l'un des deux copains — me tend un
quart de jus bien chaud. Ce mauvais café chaud, cela
vous dessille les yeux qu'on a pleins de gomme. Me
voilà en bras de chemise avec mes biceps qui grossis-
sent, mes ongles noirs, au beau milieu du régiment qui
s'étage le long de la colline et qui du haut en bas, au
son de la diane, remue ses chemises sales. Avec de
grands efforts qui m'ont donné le goût de siffler les
litrons de gros vin d'Algérie, nous avons pratiqué des
terrasses sur lesquelles s'alignent les compagnies.

Il fait déjà un fameux soleil et la mer commence à
fumer. Grandes ombres de nuages sur les collines
brunes et chauves au loin. Dans ces collines, il y a
toujours de drôles de petites bâtisses blanches isolées.

— Quel est le particulier qui peut habiter ça ? demande Le Sénéchal qui n'est pas à son aise dans ces paysages secs.

— Des ermites.

— Des feignants.

Le Sénéchal n'aime pas ces populations noires, plus grasses ou plus desséchées qu'on n'est chez lui.

Ma toilette est vite faite. On ne peut pas se laver, je ne peux pas me laver les dents, vu le peu d'eau qu'on peut monter du puits qui est en bas de la colline. Je vais aux feuillées, je commence à avoir la colique : on ne mange que des conserves ou du frigo.

Au rapport, les compagnies ne se rangent pas en carré, mais sur quatre rangs en profondeur, parce qu'il n'y a pas de place sur nos étroites terrasses. Je fais l'appel, pour l'adjudant qui est de semaine. Je suis le seul sergent à la section : le vieux Corse est déjà à l'hôpital.

— Camier ?

Pas de Camier. Tout le monde hoche la tête et me regarde.

C'est le méchant repris de justice. Ça va de plus en plus mal avec lui. Je vais le porter manquant.

Pietro s'approche.

— Ne le porte pas manquant. Il va rappliquer. Il était saoul. Hier au soir, on a dû le laisser en bas (de la colline). (Ainsi son caporal a rendu un faux appel.) J'irai le chercher, il doit roupiller dans un coin. Si tu le portes manquant, avec toutes les histoires qu'il a eues déjà...

Pietro a un air cafard pour me dire ça. Je sais bien qu'il ne m'aime pas, et qu'il compte abuser de ma bonté. Mais rien n'y fait, je ne peux pas résister à mon impulsion ; il faut que je couvre Camier.

« 3e Section. Manque personne », dis-je au lieutenant. Celui-ci me regarde comme s'il voyait que je mentais. Sans doute, il soupçonne un mic-mac dans

ma section. Il y a déjà eu des histoires d'appel pas
claires. Je pense bien : je m'en allais avec Pietro et
Muret au camp anglais. Comme je ne recevais plus
rien, ma famille ne sachant où j'étais, il fallait faire de
l'argent pour compléter l'ordinaire et continuer nos
bombances de Marseille. Alors devant les Anglais, naïfs
et immensément rieurs, j'improvisais des boniments,
et puis Pietro faisait le clown ; ensuite Muret, aidé par
Camier, faisait des exercices de force. Après cela, sans
vergogne, nous faisions la quête. Puis nous buvions le
produit de la quête et nous rentrions saouls au camp,
et en retard. On se glissait à quatre pattes entre les
tentes. L'adjudant fermait les yeux.

... Quand même, la vie des soldats est plus calme
qu'au début, quand on n'avait pas encore interdit
l'alcool dans l'île. Il y a eu cette fameuse première
soirée.

Nous avions juste fini d'établir le camp et après
l'appel, avec les deux copains, nous avions décidé de
faire une virée dans ce patelin inconnu que nous
apercevions en bas, toute la journée.

Quand nous y entrâmes, cela commençait déjà à
prendre tournure. Des bandes de soiffards de tous les
pays du monde roulaient par les rues. Le Vieux Port de
Marseille, ce soir où avaient débarqué les équipages de
trente charbonniers anglais qui avaient fait je ne sais
quel détour desséchant par l'Atlantique Sud, n'était
rien à côté de cette bourgade où tanguaient et roulaient des Anglais qui boivent froid, des Écossais qui
boivent plus froid, des Russes qui ne sont qu'un trou,
des Australiens qui ont le gosier comme de l'amadou,
des Français assez siroteurs, et toute sorte d'autres
pinteurs. Avec ça une chaleur qui étalait comme l'huile
dans un bassin.

Les amateurs entraient chez les bistrots grecs qui ne
pouvaient servir tout le monde en même temps.

— Si on me fait attendre, je me sers moi, dis-donc, eh là, le père. T'as donc pas soigné ta jaunisse.

Delplanque a attrapé un litre derrière le faible comptoir de planches.

— Il a pas de monnaie, c'est pas la peine de le payer, me dit-il, en repoussant doucement ma main.

Au même moment, dans la bourgade dix farceurs avaient la même idée que Delplanque. Et une idée en amène une autre ; du moment qu'on ne paie pas, aussi bien se servir soi-même. Un quart d'heure après, tous les bistrots étaient au pillage. Des bandes saoules, chanteuses, insulteuses, querelleuses dégringolaient les ruelles, ou les remontaient. On commençait à se heurter, à se provoquer dans tous les coins. Les Grecs désespérés, simulaient des barricades derrière leurs comptoirs.

Les deux copains et moi, nous étions partout. Ici je les présentais à un Écossais qui écartant des jambes avantageuses renversait sa tête brune et s'envoyait jusqu'au fond du jupon un litre de vin de Samos.

Aussitôt l'Écossais nous offrait le fond de la bouteille tout en me déclarant son mépris pour les Anglais. Un Australien arrivait et renchérissait sur un sentiment fratricide. Ils étaient bien d'accord, n'est-ce pas ? Ah ouiche, la minute d'après ils se cognaient. Aussitôt Delplanque prenait parti pour l'Écossais et cassait la bouteille sur la tête de l'Australien.

Mais plus loin réclamaient notre intervention deux marins anglais, aux prises avec un bourriquot qui avait perdu son Grec et par deux paniers percés répandait ses oranges. Mauvier conseillait à Delplanque de subtiliser ce bourriquot à une marine étrangère, peu apte au surplus à progresser sur un pavé inégal.

Delplanque tranquillement déclarait aux grands pantalons qu'il connaissait le propriétaire. Et soudain les deux matelots de Sa Majesté s'attendrissaient à l'idée que cette douce bête allait revoir sa famille. Mais alors il fallait boire ensemble pour fêter cet événement inespéré.

Le village commençait à tourbillonner. Les rues s'emmêlaient les unes dans les autres, revenaient sur elles-mêmes, se saluaient, se disaient merde, se tournaient le dos. Les cafés étaient dans les rues et les rues dans les cafés. Les soldats perdaient leur nationalité pour en retrouver une autre. Un artilleur français était coiffé d'écossais, ce qui l'engageait à serrer dans ses bras un Égyptien qui riait comme une petite folle. Les Russes étaient déjà ivres morts, mais les Australiens en voulaient à la police britannique. Ce qu'approuvaient les zouaves ennemis des lois.

Le Grec était méprisé, oublié et d'ailleurs avait disparu.

Moi, je renversais la tête dans le ciel et je louais les étoiles d'éclairer mes aises. Car vraiment on était à son aise et il y avait bien cent ans que je n'avais pas pillé et fait le fanfaron.

Mais des patrouilles de Sénégalais, musulmans buveurs d'eau, s'élancèrent dans un mouvement concentrique et à grands coups de crosse et par mainte piqûre de baïonnette nous vidèrent de la ville et nous rejetèrent titubants et gueulards, jusque sur les pentes des collines. Je hissai tant bien que mal jusqu'au logis ma section rampante et chevrotante...

— Votre section est désignée pour la garde au quartier-général. Nous relevons les Anglais.

Il y a une base conjointe des Anglais et des Français dans cette île, et l'amiral anglais qui commande a alternativement une garde anglaise et française. Quelle figure allons-nous faire devant ces Anglais ? Je vois d'ici le spectacle. Mais je fronce les sourcils, surtout à cause de Camier : s'il n'est pas rentré tout à l'heure, on s'apercevra sûrement de son absence, au moment de l'inspection avant la relève. Quand je reviens à la section, les types me regardent. Ils m'ont approuvé en principe jusqu'ici. Pourtant leur confiance s'altère depuis quelques jours. Ils se demandent si je n'ai pas peur de Camier.

La relève est à quatre heures : on a le temps. Pour le moment il est sept heures du matin, on va descendre en ville. Il s'agit de compléter l'ordinaire, car je suis un peu chef-popote des sous-offs de la Compagnie.

Je m'en vais avec les deux copains Mauvier et Delplanque que j'ai fait nommer cuisiniers des sous-offs. On descend le sentier de terrasse en terrasse, de compagnie en compagnie. Non, cette armée française. Avec ses grosses capotes bleues et ses casques blancs passés au permanganate — pour faire comme les Anglais. C'est comme en 1914, les pantalons rouges recouverts de bleu. Une adaptation tardive et gauche à l'événement, à l'ennemi, à l'allié.

Maintenant c'est l'abreuvoir où piétine dans la boue qui s'étale au milieu d'un pays poussiéreux une cavalerie malade, morveuse.

Nous suivons une route qui se soulève en nuage, sur laquelle s'empressent les Arabes, les camions, les mules, les chevaux, les charrettes de toute sorte. Tout le monde va à la ville pour les provisions ; et il faut aussi traverser la ville pour aller au quartier-général.

Tu parles d'un patelin. C'est pauvre, un village grec, surtout le jour. Des masures basses, en terre battue ou en pierraille recouverte d'une chaux grossière. Il y a encore plus ici qu'ailleurs une disproportion entre un pauvre village et une armée qui y recherche la ville perdue. Les Grecs ne sont plus près de perdre pied, sous les vagues de troufions de tout acabit. Ils ont préféré ne plus vendre d'alcool pour vendre plus d'épicerie. Et d'ailleurs ils vendent de l'alcool par en dessous : Ils ont retrouvé depuis l'autre jour leur flegme turc et ils profitent tant qu'ils peuvent, mieux que des Juifs ou des paysans français.

Il y a toujours des Égyptiens et des Sénégalais, des

Australiens, des Zélandais, des Écossais. Des matelots russes. Des Grecs de la Légion. Des Algériens aryens ou sémites. Des policiers grecs. L'empire anglais et l'empire français. Mais on s'habitue à vivre avec la terre entière, tout Français qu'on est. Par exemple, Mauvier. J'entre chez l'épicier et j'achète des conserves, ceci, cela. Je discute, liste en main, flanqué de Delplanque. Mais pendant ce temps-là, horreur, j'aperçois Mauvier avec son sac à munitions qui regarde d'un air rêveur l'étalage. Et tout d'un coup, pan, une pile de camemberts disparaît dans le gouffre. Le Grec, ivre de lucre, en train de me voler, ne voit pas qu'on le vole.

— Le salaud, dit Mauvier en sortant.

— C'est de la reprise individuelle, dis-je mi-figue mi-raisin. Mais Mauvier ne connaît pas le mot.

Nous allons de porte en porte. On se colporte dans la poussière. On fait des stations dans les petits cafés. Il y a toujours là quelques zouaves, en deuil, ces Grecs des îles avec leurs vastes culottes noires, qui sont là à tourner leur chapelet et à sucer leur narghilé. Leur inertie scandalise les plus feignants des nôtres.

On boit en douce dans l'arrière-boutique une sorte d'anisette.

Nous remontons pompettes et satisfaits.

Au déjeuner, je me retrouve avec les sous-officiers que je ne fréquente guère en dehors des repas. Quant aux officiers, je les ignore complètement et ils me regardent de loin avec une curiosité inquiète. Ils savent que je n'ai pas voulu être des leurs.

Dans les sous-offs du bataillon, il y a un lot curieux, car non seulement on a versé récemment dans les régiments des réprouvés de droit commun, mais aussi des réprouvés de droit politique : nous avons donc deux ou trois syndicalistes du bâtiment. Des combattifs, des costauds, mais pas enchantés d'être au front. Ils font un peu bande à part ; ils sont un peu en marge du soldat, du peuple. Cela nous rapproche, peut-être.

Je suis attiré et effrayé par eux. Et, pour eux, il en est de même. Ils voient que je suis bourgeois jusqu'au bout des ongles et pourtant homme. Ma complexité les gêne encore plus que ma présence. Ils me sentent patriote, ou plutôt l'homme qui sans cesse fait penser à une espèce d'orgueil qui les mettra dedans. En même temps, ils me sentent hostile aux officiers, à l'Armée. Je suis bon copain et pourtant dérobé.

Eux, je les vois impulsifs, sensibles aux mots, mais aussitôt qu'on écarte les mots, réfléchis, complexes eux aussi, tourmentés.

Ils ne sont pas contents de la nourriture. Nous n'avons que de la conserve et du frigo — le premier sujet de plainte des paysans et des ouvriers. Moi je ne m'en plains pas, bien que j'en souffre plus qu'eux.

— Les Anglais mangent mieux que nous.

— Ah oui, t'as été les voir.

Oui, j'ai été les voir. Et avec quel plaisir. J'aurais dû naître anglais. Voilà une de ces imaginations d'enfance qu'on garde jusqu'à ses derniers jours.

— Nous, c'est moche.

Je demande :

— Pourquoi ?

Ils me regardent, ils ne savent plus, tout d'un coup. Je commence.

— L'Angleterre est plus riche que la France, mais quand même...

Je m'arrête. Ce serait trop long de leur expliquer les raisons de la lésinerie française à laquelle de quelque manière nous participons eux et moi.

Je ne puis m'empêcher de les regarder manger. Ils mangent salement, mais il y a des bourgeois qui mangent comme ça, et ça n'empêche pas qu'ils ont plus de délicatesse morale antique que bien des bourgeois. Ils sentent mes regards et voient que ma façon de manger n'est pas pareille et ils voient aussi que j'affecte par moments de manger comme eux. Nous

nous gênons. Je mesure cette barrière mince, élastique mais solide qui nous sépare.

Je voudrais abattre cette barrière. Je déteste autant de dire qu'elle est éternelle que d'entendre dire qu'elle ne l'est pas. Je suis un petit-bourgeois ou un petit-noble.

On parle de la guerre. Nous nous rendons compte qu'on nous a encore une fois bourré le crâne. Cette expédition est ratée. On est loin de Constantinople et on n'y arrivera jamais. Les journaux de France mentent à pleines colonnes. La flotte qui devait nous aider à passer est là dans la baie, assiégée par les sous-marins.

Sans doute mentent-ils aussi sur l'offensive qui commence en France.

— On est battu, faut signer la paix, dit un des trois syndicalistes.

Je fais la gueule. Puis j'insinue :

— Si ça dépendait de toi, tu ne signerais pas.

— Ah si alors, et comment.

Je le regarde dans les yeux. Il ment. Nous mentons tous. Je mens tout le temps. Je mens quand je cache mon réflexe patriotique, mais ce patriotisme qui reparaît par bouffées jure avec ma façon d'être de tous les jours. Au fond, je voudrais que d'autres que moi fassent cette besogne de sauver la patrie. Je ne suis pas ici en tant que patriote, mais en tant que bourgeois raffiné, avide d'expériences. Je viens vers le peuple par un romantisme transposé, méconnaissable, un romantisme taciturne et dandy. Aussi je mens quand je suis gentil avec eux. Cette secrète recherche de la pauvreté et de l'humilité n'a rien à faire avec eux.

D'ailleurs je regarde tout le temps la baie ourlée de ses montagnes délicates. Je trahis les hommes avec la nature.

Mais parmi certains bourgeois, je suis aussi insolite, les bourgeois très riches, les nobles. Que de classes. On est exactement de sa classe, une mince couche entre deux autres. Je suis un bourgeois moyen, un bourgeois des classes libérales.

Je m'en vais retrouver les hommes que j'aime mieux que les sous-offs.

Mais l'heure de la relève approche. Camier n'est toujours pas là : Pietro est parti et revenu.

— Je l'ai pas trouvé.

Je suis sûr du contraire.

— Tu te fous de ma gueule. Va te raser.

Pietro me jette un regard de haine, se disant qu'il n'a plus besoin de ruser, pour couvrir son ami Camier, que je vais certainement lâcher.

Je me rembrunis. D'autant plus que j'essaie en vain de rendre propres les hommes. Ils font des efforts, mais ça ne donne rien.

L'adjudant passe. « Rassemblement de la garde. Le capitaine va la passer en revue ». Tout cela va très mal tourner.

La section se range tant bien que mal en avant des tentes sur un petit sentier raboteux, les pieds pris dans les cordes et les piquets. Je me promène devant la section d'un air sombre, et elle me regarde sans cesse.

Je regarde alternativement la section et le paysage. Le paysage me console largement de la section qui est sale. Toujours consolé par la nature, toujours distrait par ma consolation, je ne parviens pas à m'absorber complètement dans le détail de l'événement. Aussi je ne ferai jamais de chefs-d'œuvre. Ma section, par exemple, n'est pas un chef-d'œuvre, si ce n'est dans l'ordre de la catastrophe.

Le lieutenant arrive avant le capitaine et me dit de faire l'appel.

— Camier ?

Silence.

Les hommes me regardent avec soulagement :

« Maintenant tu le lâches, le coup est régulier, c'est un salaud ».

Je me tourne vers le lieutenant.

— Camier a la dysenterie. Il est aux feuillées, il va revenir.

Un frémissement passe dans la section. « Il va fort, le sergent, il est culotté. Il risque gros. Camier est peut-être arrêté en ce moment quelque part dans le patelin, pour scandale public. On va le voir rappliquer entre deux polichinelles ».

Mais les hommes sont habitués à ce que je les étonne. Et en tous cas ils ont toujours eu soin de me passer mes lubies en contrepartie de mes gentillesses.

Quand même ils ne me donnent pas raison, car d'abord ils n'aiment pas Camier et ensuite en admettant une telle solidarité avec mes hommes j'agis plutôt en caporal qu'en sergent. Ils sont jaloux, ils trouvent que j'en fais trop pour un seul.

Le capitaine ne vient pas et le lieutenant s'éloigne.

Le Sénéchal, en paysan qui encore moins que les autres aime les affranchis, me dit :

— Ça va mal finir, cette histoire-là. Camier est un salaud qui est fait pour le tourniquet. Tu ne l'empêcheras point. C'est ingrat, cette race-là. Plus tu seras bon, plus ça sera de la haine qu'il te rendra.

Mais les deux interdits de séjour approuvent ma méthode, et ils savent qu'ils doivent m'aider pour qu'elle donne. Ils vont trouver Pietro, après m'avoir cligné de l'œil et ils ont un bref conciliabule avec lui. Mes deux gaillards tiennent de près Pietro qui blêmit.

Moi, je regarde la baie. Il est trois heures de l'après-midi, les cuirassés sont toujours là, comme des usines qui ont voyagé. Les montagnes au loin sont plutôt de vieilles déesses perdues dans un atroce exil.

Mauvier revient vers moi et me dit :

— Tu peux tenir le coup. Une fois que la relève sera faite, nous irons, Delplanque et moi, là où il est et on te l'amènera en vitesse. N'aie pas peur, c'est un affranchi, mais nous aussi — c'est pas honnête ce qu'il te fait là.

La section part sans autre incident. Il fait salement chaud avec le sac au dos, la capote, et ce lourd casque qui ne protège pas le cou.

Nous arrivons au Quartier Général qui est sur une petite éminence.

Le lieutenant, qui nous présente, commande :

— Pas cadencé, marche.

Ce sont des Écossais que nous relevons, je frémis en apercevant leur ligne noble.

Nous allons nous aligner en face d'eux.

Oh là là. Voilà l'empire britannique en face de l'empire français. Désopilante confrontation. D'un côté, trente guerriers, de l'autre trente miliciens. D'un côté une civilisation sauvage, qui a préservé quelque chose de son fond sauvage et l'a pourtant adapté à la vie moderne — de l'autre, trente... quoi ? C'est comme des résidus. Une civilisation plus du tout sauvage, paysanne qui est tombée dans la saumure petite bourgeoisie.

Ces hommes, sous un soleil de plomb, vêtus de grosses capotes bleu d'occident, avec de lourds casques massifs trempés dans le pipi et ces armoires qui font très XIXe siècle. Et ils sont mal ficelés. L'un perd sa cravate, l'autre sa molletière. Muret est trop grand pour Pietro qui est trop petit.

En face trente Écossais en petite jupe antique, les genoux nus, mais avec des casques bien évasés, des vestes de toile et un attirail de camping extrêmement commode. Ils ont des gestes libres, aisés, donc aristocratiques qui les font participer à la grâce de leurs officiers. Ils sont fiers. Ce sont des hommes. Nous, nous sommes un ramassis d'abattis. Oh, bien sûr, à l'intérieur, c'est solide, on a son quant-à-soi. On a sa petite façon solide et bien établie de prendre la vie. On est cartésien et économe. On oppose une résistance sor-

dide et minime au monde. Mais du dehors, ça la fout
mal. Et ça la fout si mal que moi le sergent — et l'élite,
j'ai mal au cœur et je doute de toute cette destinée si
effacée.

La relève se fait. Voilà les Écossais qui se mettent à
danser, à faire toute sorte de ravissantes facéties avec
leurs jambes et leur fusil. Rigides et souples, fiers et
dansants.

Et mes trente types, mes trente jardiniers qui regardent ça, avec des yeux ronds comme on regarde des
enfants ou des sauvages. « Non, mais ils aiment ça »,
se disent-ils avec stupeur et scandale.

Enfin, eux aussi se mettent au garde-à-vous et
présentent les armes avec un désordre raffiné. Pietro
s'arrange toujours pour arriver un quart d'heure après.

Et moi qui connais mieux les Écossais que les
Normands. Je suis là partagé, plus contemplateur
qu'acteur. Soudain je regarde mes hommes avec rage.
Ce ne sont pas mes hommes : je ne les ai pas choisis.
Un homme comme moi choisit : rien ne lui est imposé.
Je me rappelle que deux ou trois ans avant la guerre je
rêvais de me mettre à la solde de l'Empire anglais. Il
est une espèce d'intellectuel homme d'action, qui court
le monde. Je me sens comme un Gobineau ou un Juif.
Le soldat et le prêtre courent le monde.

Mes hommes sont tout à fait indifférents à mon
mépris et à celui des Écossais, ils l'ignorent. Tout cela
fait pour eux partie de la folie de la guerre.

Les Écossais s'éloignent, sans nous avoir vus.

Mes hommes lâchés se débraillent aussitôt. Le Sénéchal s'approche de moi, lui seul a deviné mes pensées.

— C'est du bon monde. Mais un peu domestique,
comme on était chez nous, avant.

Aussitôt que nous fûmes installés dans le corps de
garde — deux tentes coniques, non loin de la baraque
en bois où logeait l'amiral anglais, Mauvier s'approcha
de moi.

— On se barre cinq minutes avec Delplanque et on te le ramène.

— Allez.

Je commençais à ne plus être rassuré du tout. Si c'était Camier qui avait le dessus et qu'il les entraînât dans sa ribouldingue ? Ma section fondait. Pour moi, il y avait de quoi être cassé, et comment ?

Enfin la mer était toujours là et la baie. Et mon sens de l'histoire.

L'absence se prolongeait de mes deux, de mes trois gaillards.

Une idée me venait qui me réjouissait encore plus que ce spectacle de la flotte des Grecs ou des Alliés en vue de Troie : je vais être cassé, eh bien j'aurais toujours dû l'être. Je serai soldat, mieux perdu encore au fond de la foule, tout à moi-même, et obligé de travailler davantage de mes mains.

Mais j'aperçois trois types qui arrivent en se défilant. C'est mes trois gaillards.

Camier a une gueule de l'autre monde. Il s'est certainement saoulé comme un porc, et il a encore mal cuvé son vin. Enfin, il a la figure verte, des ecchymoses, sa capote souillée. Il s'est battu, roulé dans la poussière. Il se raidit. Il ne sait pas trop comment s'y prendre, il a son air sournois et buté. Il faut encore que ce soit moi qui goupille la chose.

Je leur fais signe d'entrer dans une tente : il y a aussi Le Sénéchal, Pietro et un ou deux Normands. J'ai un air assez solennel, ils me regardent tous du coin de l'œil.

— Vous croyez peut-être que je suis un con. (Tel est mon exorde.) Mais je sais ce que je fais. Je ne suis pas sergent, je suis un homme. Comme vous. Je suis là avec vous. Vous avez besoin d'un type comme moi pour vous éviter des ennuis. Je ne veux pas punir, je ne punirai jamais. Si je le pouvais, je vous casserais la gueule, à l'occasion. Et toi, j'aurais dû te la casser

depuis longtemps. Mais je ne peux pas, je ne suis pas
assez fort, et puis ce n'est pas dans mes manières. Je ne
veux pas te punir et je ne peux pas te casser la gueule.
Alors je suis à ta merci. Vous tous, vous avez compris
— et Le Sénéchal et Minet qui étaient en Champagne
avec moi encore mieux. Toi, tu n'as pas compris ? Je
veux que tu sois raisonnable, je ne veux pas que tu
ailles au tourniquet.

— Oui, j'ai fait le con... entendu...

Il parle difficilement.

— Mais as-tu bien compris ? Eux, ils ont compris. Ici
ça marche entre copains — pas comme dans les autres
sections. C'est la dernière fois que je te tire d'affaire.
Les autres, je les tirerai toujours d'affaire. Toi, j'en ai
marre. Si tu ne m'as pas à la bonne, faut le dire.

— Avec un sergent comme ça, tu comprends, commence Mauvier.

— Toi, tais-toi. Camier, réponds.

Il me regarde, il hésite.

— Y a pas de honte à se tromper. Je ne te tends pas
la main parce que tu m'as emmerdé pendant une demi-
journée et quand tu m'auras prouvé que tu comprends,
je te la tendrai.

Je la lui passe sous le nez.

— Tu vas dormir une heure et puis tu relèveras
Pépin qui a pris ton tour.

Je sors. Les types sont contents. Mais moi, je ne suis
pas content. Ce n'est pas ça. Je lui en veux de ne pas
pouvoir lui casser la gueule. Si je ne peux pas casser la
gueule aux gens, je ne suis pas à ma place. Je suis un
démagogue qui ruse. Tout ça me dégoûte.

Je ne peux même plus regarder la mer.

Un peu plus tard, Le Sénéchal vient près de moi :

— Ils lui ont foutu une trempe.

Alors je me rassérène. Faux sergent, je suis comme
un officier qui a ses sergents. Alors pourquoi pas

franchement officier ? Je les tiens mieux comme ça et je suis plus libre.

VI

Nous allons à l'arrière. Mais l'arrière est comme l'avant, on est toujours marmité de face et de flanc — non seulement de face mais de flanc, car les Turcs sont du côté de Troie et de là ils nous balancent du gros. Ça n'a guère changé depuis trois mille ans.

On s'installe dans un creux pour faire la soupe.

Sacré pays, sacré paysage. C'est un vrai bled, un pays de salopards. Un de ces pays où il n'y a rien, une méchante terre sèche et des cailloux sur des carcasses de monticules. Tout cela a déjà été pas mal brassé par le Turc ou l'Allemand. Car les Allemands que nous croyions bien tourner sans les rencontrer, eh bien il y en a aussi par ici qui se donnent un mal de chien pour faire marcher les Turcs, qui d'ailleurs marchent d'eux-mêmes.

Terre pauvre, pays perdu, aventure moche. Constantinople est au diable et depuis que nous avons débarqué, nous savons très bien que nous n'y arriverons jamais. Nous n'arriverons jamais nulle part.

On peut dire que ceux d'en haut font bien les choses. Ils n'ont trouvé rien de mieux que de nous faire débarquer au bout d'une presqu'île. Soi-disant pour accompagner par terre la flotte qui s'avançait le long de la côte et qui à coups de 380 nous démolissait tout ce qui était devant nous et comme ça à petites journées, en poussant le Turc, on arrivait à Constantinople. Mais dès le premier jour, les cuirassés, au lieu de faire sauter les forts turcs, c'était eux qui sautaient. Le Bosphore vomissait des masses de mines et même des sous-marins allemands. Les cuirassés anglais et français, de peur d'être touchés, ont foutu le camp et nous ont laissés seuls au bout de notre presqu'île, bien barrée et rebarrée de solides ouvrages comme ils savent en faire. On a bien enlevé les premières lignes, mais depuis, on n'avance plus d'une semelle, on reculerait plutôt. Nous sommes bien coïncés. Et ici il n'y a pas d'arrière : on est marmité de face et de flanc du matin au soir et du soir au matin.

De temps en temps on attaque, pour ne pas en perdre l'habitude. Mais quand les Anglais marchent, nous ne bougeons. Quand nous bougeons, eux prennent un air rêveur. Et puis les Sénégalais et les zouaves de réserve ne sont pas fameux.

Nous nous regardons : est-ce qu'on va respirer après quinze jours qui nous ont révélé une nouvelle horreur ? Après la retraite et la Champagne, c'est la troisième horreur. Dans le nouveau, il y a d'ailleurs de l'ancien. Enfin cette horreur-ci, c'est fait de chaleur, de soif, de cadavres putréfiés, de bombardement taquin, de dysenterie. C'est un Sébastopol concentré et modernisé. Ils nous ont bien eus, une fois de plus. Et sans doute, ce n'est pas la dernière.

On a bien trinqué déjà. A la section il y a eu pas mal de Normands tués. Mais il y a toujours l'adjudant et le sergent corse est revenu, le pauvre gros, bien maigri, bien étonné.

Et les Parisiens sont là. Muret est à l'arrière, avec une plaie louche au mollet.

A peine on est un peu tranquille dans ce creux : pan. Le 2e bataillon vient de se faire enfoncer : il faut contre-attaquer. Nous foutons la barbaque et les pommes de terre dans des sacs de toile et en route.

Nous avançons à travers un terrain découvert et durement mitraillé. A la file indienne.

J'ai la colique. Pendant toute la guerre, j'ai la colique. Nous avançons par bonds, selon les règles. Je profite de chaque arrêt pour mettre bas ma culotte. En tête de la file, je m'accroupis tandis que les autres s'agenouillent. La section apprécie mes ennuis particuliers au milieu de tous ceux qui nous sont communs. D'ailleurs, deux ou trois sont comme moi, et il y en a a déjà d'évacués pour dysenterie.

Nous tombons dans les boyaux que nous avons creusés huit jours auparavant en suant tellement. Ils sont sales les boyaux, pleins de tous ces débris abominables que la guerre accumule aussitôt qu'elle est là : boîtes de conserves, bras, fusils, sacs, caisses, jambes, merdes, culots d'obus, grenades, chiffons et même des papiers.

Il s'agit tout de même de reprendre cette ligne de tranchées. Et nous qui gueulions l'autre jour sur les zouaves — tous Juifs d'Alger un peu mous dans l'ensemble — qui en avaient perdu deux lignes. On s'arrête. Les Turcs ont barré le boyau. On s'est arrêté au dernier coude. Je vais jusqu'à ce coude. Des types du 2e bataillon disent qu'ils ont une mitrailleuse, mais qu'elle vient d'être foutue en l'air par un 75. Il n'est pas en trop mauvais état, le 2e bataillon, il a eu plus de peur que de mal. Le coup classique, les Turcs sont tombés dessus juste un instant après la relève, ça se faisait comme ça en Champagne en 1915. Ordre leur vient de se regrouper sur notre gauche par un boyau de traverse à peine indiqué, mais heureusement un peu à contre-pente. Nous les regardons sans aménité s'éloigner à quatre pattes.

Puis l'ordre nous vient d'attaquer tout de suite et sans façons. Il est vrai que le 75 et le 120 tapent fort sur les Turcs. Les types sont là dans le boyau, perpendiculaire aux tranchées, qui n'ont pas l'air d'avoir envie de se déployer en plein terrain vague en tirailleurs et de pousser sur la tranchée où il doit y avoir pas mal de Turcs et de mitrailleuses, à en juger par les rafales qu'ils nous envoient de moment en moment.

On nous criaille de derrière qu'il faut avancer et se déployer. Mais on reste ployé.

Il y a quelque chose qui ne va pas dans la section. Ils n'aiment pas le nouveau lieutenant qui, en queue du boyau, gueule comme un diable.

— Ben, qu'il avance, qu'il sorte, gueule une voix. S'il sort, on sort.

Le capitaine a été tué le premier jour, le lieutenant blessé. Et notre commandant de compagnie maintenant, c'est un sous-lieutenant, un ancien juteux, un chien de quartier qui s'est esbigné dès la retraite de Charleroi et depuis s'est planqué dans l'instruction de la classe 14. Il a profondément les foies, mais il n'a pas perdu sa jactance pour ça ; il se raccroche à elle comme un perdu. Les hommes sont décidés à le briser. Tout est à craindre de Camier, qui ne parle pas.

Quant à moi, je sais déjà que dans la vie tout est une affaire de temps, c'est-à-dire qu'il ne faut jamais perdre une minute. Si les hommes restent encore cinq minutes dans ce boyau, ils n'en sortiront plus jamais et nous aurons perdu la ligne de tranchées. Ou pour la reprendre dans huit jours, renforcée comme elle sera, il faudra faire tuer un millier de bonshommes, noirs, bruns ou blancs. Finalement on sera à la mer.

Il y a toujours en moi... quoi ? un vieux zèle — tout simplement une vieille énergie qui travaille. Je ne peux pas voir de l'ouvrage mal fait. Je m'en vais ou je fais marcher le truc.

D'abord, je remets bas ma culotte, pour me vider définitivement, si possible. Puis en bousculant les types, je passe à l'arrière et je vais trouver le lieutenant. C'est un petit sournois, rageur, qui sue de peur et qui nous hait.

— Les hommes ne marcheront que si vous allez en tête et si vous sortez le premier. Nous, les sergents et les caporaux, nous allons grimper sur le talus, dès que vous serez en tête. Sortez et ça ira.

Je le regarde dans les yeux.

— Ils n'ont qu'à obéir.

— Pour obéir, il faut l'exemple. Si vous n'y allez pas, nous serons encore là, demain matin.

— Je n'ai pas à recevoir d'ordres de vous, mâchonne-t-il bêtement.

Je ne réponds pas et continue à le regarder. Le Sénéchal qui est en queue, le regarde en haussant les épaules.

Alors je grimpe sur le talus, pour lui faire honte. Le Sénéchal devient furieux et gueule :

— Tu vas pas te faire tuer pour ce péteux. Descend sergent.

A ce moment, je me dis que si je fais ça, c'est que j'ai vraiment envie de crever et que vraiment je vais crever. Mais je suis excité : on ne fait pas ce qu'on veut.

Les balles sifflent. Un plus gros sifflement me fait redégringoler dans le trou. Mais c'est un obus qui n'éclate pas, sans ça j'étais fait. Le Sénéchal jure comme un possédé.

— Nom de Dieu de nom de Dieu, bordel de Dieu, c'est-y pas malheureux de voir ça.

Le lieutenant me jette des regards affolés, son âme se tord dans son ventre et ne peut pas sortir. Tout d'un coup Le Sénéchal et Mauvier qui est derrière se jettent sur lui, l'empoignent et le passent à Delplanque qui prend livraison et le refile au type qui est devant lui. Voilà mon petit bougre qui voltige de bras en bras et arrive en tête, bon premier. Je le vois jaillir soudain du boyau, vomi par toute la section. Mon collègue corse se hisse en haut et les types se décident. Un vieux clairon mythique nous arrive du fond des âges et en sonne une. Et nous voilà partis.

Les Turcs, au lieu de nous massacrer, foutent le camp. Nous arrivons dans la tranchée. Il y a trois ou quatre loqueteux blessés qui poussent des cris nasillards et puis soudain se taisent en bons musulmans

devant le fer. Ce salaud de Camier en tue un. Le
Sénéchal l'empêche de tuer les trois autres.

Nous tirons sur les autres Turcs qui foutent le camp
au loin et déjà disparaissent dans leur ancienne tranchée. Aussitôt notre tir se calme. Il n'y a que nos
mitrailleuses, qui ont avancé sur la gauche, qui conti-
nuent d'arroser le terrain.

Tout est rentré dans l'ordre.

On s'installe, on se compte. Plus de lieutenant.
Instinctivement, je regarde Camier, qui me regarde
sans me regarder, l'œil mauvais, exorbité et injecté.
Décidément c'est plutôt un assassin qu'autre chose. Le
Sénéchal et moi échangeons un regard.

Mauvier et Delplanque font leur boulot avec goût ; ce
sont des tireurs. Ils viennent de s'amuser comme dans
un stand. Ils comparent leurs tableaux. Pietro suit la
foule avec une feinte agitation comme au cirque,
quand il faisait semblant de rouler le tapis. Minet a
balancé assez bien une grenade, c'est son fort. Le fusil
lui rappelle trop la caserne.

Avec le calme, la nuit réapparaît sur notre patrie,
notre destinée. Cette tranchée qui n'a pas quinze jours
d'existence et qui est vieille comme le monde. Sur ces
collines, ce ne sont que des débris infects, des corps qui
pourrissent. Charnier et marché aux puces.

Dans la tranchée, les Turcs ont laissé leur odeur.

L'adjudant qui a joué un rôle effacé regarde au loin
tristement ; il prétend qu'il pense tout le temps à sa
femme. Sa femme a bon dos. On tiraille. Les Turcs,
rentrés dans leur vieille tranchée, tiraillent.

Moi, je suis curieux de savoir ce qu'est devenu le
lieutenant. Je reprends le boyau que deux ou trois
paysans sont en train de déboucher. Je lève le nez pour
voir où il peut être. J'aperçois un corps, j'hésite à aller
le reconnaître. Mais Le Sénéchal, qui devine toujours
ma pensée, et qui n'aime pas Camier, y va en rampant.
Il reste longtemps ; il revient.

— Eh bien ?

— Une balle dans le dos. Bien sûr, c'est Camier. Mais il y a quelque chose de bizarre.

Tout l'argent de la Compagnie, plusieurs centaines de francs en billets étaient éparpillés autour du corps, déchirés, déchiquetés.

— C'est-y lui qui dans les affres a fait ça ? se demande Le Sénéchal.

Nous hochons la tête.

Je reviens à la tranchée. Camier me regarde du coin de l'œil. Il sait bien que tout est fini entre nous. Je sens qu'il est parti pour une série de mauvais coups.

Nous bouffons la viande refroidie à côté des trois cadavres turcs qui gonflent. Par là-dessus de l'eau croupie. Oh, cette odeur de fer rouillé et de vieux bouchon et de vieille vinasse et de typhoïde que fleure mon bidon.

Il fait chaud encore. Les Turcs artilleurs — d'Europe ou d'Asie — se sont calmés. C'est tout juste si de temps en temps, ceux d'Asie nous envoient un gros, mais ça tombe dans le ravin à notre droite.

Ce ravin. Tout d'un coup, je m'aperçois que je le sens tout le temps sur notre droite. Je ne suis pas rassuré sur notre position. Je demande à l'adjudant son avis, mais l'adjudant n'a pas d'avis.

Nous sommes en pointe, il n'y a pas de doute. Sur la droite, qu'est-ce qu'il y a ? Si les Turcs ne remuent pas, ça va. Mais s'ils remuent, s'ils se rendent compte ?

C'est toujours la même histoire. On est toujours menacé d'être tourné d'un côté ou de l'autre. Et les types s'en foutent, les chefs s'en foutent. C'est comme s'ils se foutaient de leur peau. Ils ont raison ; si tout le monde était comme eux, la guerre serait finie. Mais au risque de prolonger la guerre, il faut que je remue.

Je m'en vais sur l'extrême-droite, au bout de la tranchée. Le Sénéchal est là ; il est toujours là.

Je lui dis :

— C'est mauvais.

— Oui, tout à l'heure ça a remué dans le fond.

La tranchée finit en pente, et après c'est le ravin ou la ravine.

Je m'en vais au commandant pour lui signaler la situation. Je n'ai pas le droit de quitter la tranchée sans l'ordre de l'adjudant qui commande depuis la mort du lieutenant ; mais les droits, il y a longtemps que je les ai quelque part.

Le commandant, c'est un binoclard, nerveux mais immobile. Pour rien au monde il ne sortirait de son bureau, la tranchée de deuxième ligne.

— Nous sommes dans une position difficile, à la 3e, mon commandant. Je suis venu vous le dire. On a l'impression qu'ils avancent dans le ravin.

— Qui vous envoie ?

— Le lieutenant a été tué.

Il n'en demande pas plus.

— Si vous aviez du monde à envoyer dans le ravin, on l'occuperait avant les Turcs.

— Je n'ai pas de réserves. On verra au jour (Juste quand il sera trop tard). Et puis ils ne vont pas contre-attaquer si vite.

— Mais c'est justement de la nuit qu'il faut profiter.

— Je n'ai personne.

— Mais la 2e peut bien reprendre l'attaque. Pourquoi ne s'infiltrerait-elle pas dans le ravin ? Il y a des trous d'obus qu'on peut aménager.

— La 2e a été décimée dans ce ravin, tout à l'heure.

— Nous non, parce qu'on a vite enlevé le morceau. C'est bien la peine, on va se faire ramasser. Alors nous allons nous replier ?

— Non. Bien sûr que non. Qui commande ?

— Il y a un adjudant.

— Dites-lui de tenir, surtout.

Je veux en avoir le cœur net, je descends dans le

ravin tout seul. Je n'ai plus du tout la colique : je suis
ma petite idée, ce qui m'amuse assez.

Naturellement, j'avance à quatre pattes : on est du
XXe siècle ou on n'en est pas. Je m'aperçois que la 2e est
venue par ici et a trinqué. Il y a des types crevés. Voilà
un blessé. Je m'approche de lui. Il en a dans le ventre, il
gémit doucement et continuellement.

— Tue-moi. Tue-moi.

Je ne lui réponds pas et, ce qui est pire, je ne le tue
pas.

Une mitrailleuse lance sa flamme devant moi, mais
assez loin. Ça me fait réfléchir.

— Tue-moi, tue-moi.

J'avance pour ne plus l'entendre.

Il y a des Turcs au bout du ravin, avec une mitrailleuse. Qu'est-ce que je vais faire là-dedans ? Sans doute
sont-ils déjà avancés jusqu'au milieu, jusqu'à notre
hauteur.

Pourquoi est-ce que j'avancerais ? Pourquoi est-ce
que je ne m'en foutrais pas ? Mais mon intérêt se
confond avec celui de l'armée. En suivant les autres, je
me sauve moi-même. Il faut toujours faire tout par soi-
même. Il faut lutter contre les chefs et contre les
hommes au moins autant que contre l'ennemi.

Mais mon zèle continue la guerre. Si je m'arrêtais,
tout s'arrêterait ?

Je ne peux pas m'arrêter, il faut que je remue.
Puisque je ne déserte pas...

Quand même, je jouis de la solitude un instant, à
plat ventre. Je me rappelle quand j'étais enfant sur les
plages bretonnes. J'ai peur, je suis hors de moi,
effroyablement soucieux et inquiet. Moi qui aime tant
penser et rêver tranquillement, tout ce boulot m'agace.
Cette petite affaire locale. Et en même temps, il y a un
point vivant en moi qui saisit tout, jouit de tout, et qui
emmagasine comme une fourmi. Quand l'hiver vien-

dra, la fourmi... Quand ce sera du passé, comme j'en jouirai.

Si on était à son aise au moins, mais cette capote, ce casque, cette baïonnette, ce fusil, et tout.

Comme je suis seul, perdu, comme je vais bien crever dans ce ravin. Je m'y suis fait à la guerre, je me suis fait une mentalité pour cette guerre, une mentalité de crevard, et de chrétien, et de communard. Seigneur, votre serviteur. Une belle vache, ce seigneur. Ohé, les copains. Les copains ? Oui, deux ou trois. Les vaches, où m'ont-ils entraîné, moi et ma tendresse, ma frime. Et pourtant on ne peut qu'obéir. En se révoltant, on obéit encore. Comme je me sens frère et complice de tout et ennemi de tout. Je suis tout — et ça ne fait pas que je suis rien. Comme j'existe. Je regarde les étoiles. Les vaches.

Ah, tant pis, je vais avancer encore un peu. Un sifflement : je m'écrabouille contre terre. Vlan. Nom de Dieu, c'est dans la tranchée ; mes types ont dû prendre. J'entends des cris, des gémissements. Aussitôt les mitrailleuses turques s'en mêlent. Des balles viennent jusque de mon côté.

Je vois très bien qu'il y a une mitrailleuse turque dans le ravin en avant de moi avec sa flamme, et maintenant sur la pente opposée à celle où finit notre tranchée. C'est ça, ils s'installent en contre-haut et ils vont nous arroser et nous prendre en enfilade. Pour le moment la mitrailleuse tire dans l'axe du ravin, mais au petit jour, on sera ratiboisé, et ils n'auront qu'à attaquer pour cueillir nos débris.

J'entends toujours crier et gémir. Ma reconnaissance est finie, et m'en vais à quatre pattes vers la tranchée. En approchant, je sifflote un air connu. Personne ne me tire dessus ; et pour cause, car quand je suis dans la tranchée, je vois qu'il n'y a personne pour veiller au bout.

Nom de Dieu. Je m'avance. Ah bien, c'est du joli.

C'est tout de même malheureux. Tout le parapet est effondré. Ils sont plusieurs penchés sur un type. Je m'approche. C'est Mauvier qui a pris. Il a la gueule et l'épaule déchiquetées ; il agonise. Delplanque est comme fou et sanglote comme une mère. Minet est un peu blessé au bras. Il y a un autre type tué.

Les types sont furieux et désemparés. Camier, dans un coin, nous regarde d'un air menaçant. Il se demande s'il va fuir ou déserter. Pietro est prêt à le suivre. Minet, tenant son bras, n'est pas loin d'eux.

L'adjudant murmure de vagues paroles.

— Il faut refaire le parapet. A vos postes.

J'ai vu tout ça, en un instant, mais les sifflements se multiplient et les éclatements. Ils tirent trop long maintenant, par-dessus nous.

La mitrailleuse qui est en face de nous tire par saccades et lui répondent deux mitrailleuses à nous qui sont sur la gauche. Mais la mitrailleuse du ravin ne tire plus. Ça m'inquiète.

Je vois très bien ce qu'il y a à faire. Rien à attendre du commandant. Il faut opérer nous-mêmes, il faut supprimer cette mitrailleuse avant l'aube qui viendra bougrement tôt. Il faut y aller à la grenade.

Nous sommes encore pas mal par ici. Il faut y aller à huit ou dix. Les autres garderont la tranchée. C'est risqué. Mais sans ça, à l'aube, nous serons nettoyés.

Justement un coureur du commandant arrive. Je lis par-dessus l'épaule de l'adjudant qui a pris ma lampe électrique. « Ordre de tenir l'élément de tranchée coûte que coûte. Demain nous serons relevés par des zouaves. » C'est bien ça.

J'explique le coup à l'adjudant qui est épouvanté.

Le Sénéchal s'approche, il me regarde avec une sorte de reproche, mais il est prêt, comme d'habitude.

J'appelle Delplanque, et deux paysans. Bah, nous irons tous les cinq. Je suis d'ailleurs incapable de lancer une grenade.

Je me retourne vers le côté gauche de la tranchée où est Camier, soi-disant guetteur. Je ne le vois pas.

Juste à ce moment-là, un affreux sifflement nous arrive droit dessus. Salut. Ho. Ça nous arrive en plein sur le talus. Il y a un type qui gueule. Nouveau sifflement, c'est toute une rafale qui nous arrive. Je me planque tant que je peux. Je me fous pas mal de la mitrailleuse. Je n'irai pas.

Mais ça se calme, de nouveau. On se remue. Il y a un Normand qui en a dans les fesses. Je défends au copain qui veut l'accompagner de nous quitter, même pour cinq minutes. Nous sommes trop peu. Et je repense à Camier. Et puis Pietro. Ma parole, ils ont filé.

Je crie à l'adjudant :

— Je reviens.

Je m'engouffre dans le boyau. Plus souvent qu'ils nous laisseront tomber comme ça.

D'abord je rencontre Pietro qui aussitôt fait demi-tour et revient vers la tranchée.

— Mon salaud.

Mais je ne m'arrête pas. Au tournant, je me heurte à Camier qui m'a entendu et qui vient de se coucher. Il gémit.

—. Tu ne vas pas me faire croire que tu es touché.

Je l'enjambe et je me retourne. Je me mets en travers.

— Lève-toi et retourne tout de suite.

— J'en ai à la jambe, je te dis.

— Ta gueule.

Je suis en rogne et je me félicite d'être en rogne, parce que ça me donne du cran. Et puis ici je ne crains pas les coups de poing, ni les coups de tête dans le ventre. Je lui donne un vrai coup de pied.

Il bondit sous le coup de pied, avec un regard mortel et une bordée d'injures. C'est un type carré, costaud. Je l'ai vu nu, quels muscles durs. Je suis un navet à côté de lui. Mais maintenant, je m'en fous.

Il a d'abord reculé, mais maintenant il avance.

— Tu vas me laisser passer.

— Camier.

Il hésitait encore un peu, mais moi, je n'hésite pas, j'ai trop peur. Je prends les devants et je lui envoie la crosse de mon flingue en pleine gueule. Il s'écroule.

Et puis je suis pris de panique, je m'élance vers la tranchée. Au passage, il m'accroche la jambe, mais faiblement. Et puis rien ne peut m'arrêter.

J'arrive à la tranchée. Je n'ai plus de courage. Et pourtant il faut aller attaquer la mitrailleuse du ravin. Mais c'est juste à ce moment-là...

La mitrailleuse nous prit d'enfilade. Les Turcs furent en une enjambée chez nous. Je ne sais pas comment je me retrouvais le lendemain matin, dans le ravin, dans un trou d'obus.

Le lieutenant de tirailleurs

C'était en 1917. Allant en Italie, je passais par
Marseille où je m'attardais un peu, en fraude. Le
printemps et la licence de la guerre faisaient fermenter
la vieille cité, mieux qu'aucune autre. Où étais-je ? En
France ou ailleurs. Des foules de soldats et de matelots
de toute race roulaient par les ruelles des destins
d'enfants abandonnés. A travers les fenêtres des hôtels,
les voyageurs jetaient des billets de banque gris, verts
et jaunes. Un peuple de femmes se perdait, un instant
étonné. J'entrais dans un bar, je me retrouvais dans un
autre. Ivre, seul, intime avec tout un monde d'ivresse.
Et une lune sur le Vieux Port qui noyait dans son
mercure indulgent toute cette pourriture battue et
allègre.

Je me mis à causer avec celui-là comme j'avais fait
avec cent autres. Qu'est-ce qui retint mon attention ?
Ma sentimentalité d'ivrogne paraît fantasque et le
monde n'est-il pas une grosse toupie sans fin ? Pourtant, on ne pressent jamais si bien les hommes qu'à ces
moments de nonchalance amoureuse où l'on semble
les embrouiller tous les uns avec les autres, et ne voir
dans chacun qu'un reflet de hasard.

Il y avait un contraste entre son attitude et son
regard : il était gourmé et inquiet. Gourmé, par ce
temps-là, cela ne pouvait s'expliquer que d'une

manière : c'est un type qui est garé. Mais on n'est jamais si bien garé ; et puis il y a les sentiments intimes, de là l'inquiétude.

Il était grand, un peu efflanqué, très conscient de ses jambes : sans doute un cavalier. Une tête osseuse, assez bien construite mais un peu usée ; un costume bien porté, de coupe convenable, mais fatigué : un petit noble ; un peu de méfiance rogue : militaire de profession.

Teint brouillé, cheveux clairsemés, autour de trente ans.

De son côté, il m'inspectait. A ce moment de la guerre, je commençais à trop bien m'habiller : ce qui l'humiliait. Il y avait aussi dans mon regard, quelque chose de trop insistant et aussi de trop flexible qui le faisait douter de ma bonne éducation.

Mais il avait envie de parler : son regard roulait tout le temps autour de moi.

Un tumulte se produisit : garçons et chasseurs déployèrent de grands efforts pour sortir un Australien qui voulait absolument tuer quelqu'un, là tout de suite, pour abreuver mieux qu'avec de l'alcool sa mélancolie.

— Drôle de chose, cette guerre, lançai-je. Une plaisanterie un peu forcée.

Il grogna un vague assentiment, en levant son verre, surpris, refoulé sur sa méfiance.

— Ce n'est pas ce qu'on nous avait dit. On ne nous avait pas dit que nous serions tout le temps dans l'autobus et qu'on nous marcherait sur les pieds.

Une rancune sourit en lui ; il hocha la tête.

— Vous descendez.

— Oui. Et vous ?

J'avais jeté un coup d'œil sur ses galons, ses écussons. Lieutenant, tirailleurs marocains. Au Maroc, sans doute. Pourtant, croix de guerre ? Eh bien, on la donne là-bas.

— Moi, il y a déjà un bout de temps que j'en suis sorti. Je vais en Italie. Filons.

Il fronça un peu les sourcils à ma gouaille, pourtant à peine indiquée.

Tout d'un coup le numéro de ses écussons me dit quelque chose.

— Ah, mais, vous étiez à Verdun.

— Oui, dit-il, en serrant les lèvres, sous sa moustache courte.

J'étais décidé à l'embêter.

— Mauvais, hein ?

Soudain, il se laissa aller.

— Ignoble, grinça-t-il.

Désormais, la voie était ouverte.

— Vous revenez au Maroc ?

Il me regarda, si agacé de ma complicité, qu'il ne répondit pas. Je m'aperçus alors qu'il était plus ivre que je ne pensais, car seulement à cette minute, il parvenait à distinguer mes insignes. Il vit que je n'étais pas officier ; il fronça encore les sourcils.

— Certes non, déclarai-je tranquillement, comme s'il avait prononcé les mots de son exclamation intérieure. Je serais un trop mauvais officier.

Le compromis de ce bar qui emmêlait les soldats pourvus d'argent avec les officiers, l'irritait. Mais cette implacable envie de parler bousculait ses manières, et puis je prenais soin de l'enjôler par la considération et la sympathie. Tout cela lui arracha un :

— Pourquoi ?

— Je n'ai pas tous les jours le sens du commandement. Et puis...

Son œil me questionnait, plus intéressé par une autre raison possible.

— Dans cette guerre, j'ai envie d'en prendre et d'en laisser.

— Oui... m'accorda-t-il, en plongeant le nez dans son verre vide, pour garder ses distances.

Je commandai deux whiskys. Il me laissa faire. J'entamai mon discours et dès l'exorde je me saisis de lui.

— Vous êtes officier de carrière et officier d'Afrique... c'est pour cela que vous me comprenez.

Il parut curieux de ce que je pensais de lui, tandis que nous trinquions.

— Cette guerre n'est pas faite pour vous, précisai-je brusquement comme une conclusion certaine à nos tâtonnements.

A travers son verre, il fixait ma poitrine où la croix de guerre mettait une sourdine à mes réflexions subversives.

Il y eut un peu de brouhaha et la conversation fut interrompue. Une femme quitta, mécontente et injurieuse, la table où elle s'était assise parmi des Anglais et vint vers nous. C'était une grosse blonde assez blême qui se frotta à mon tirailleur. Elle exigea de boire dans le verre qu'il avait déjà presque vidé : il le lui donna. Mais ayant examiné son uniforme un peu usé, elle n'en augura rien de bon et se retourna vers moi.

— Ne perds pas ton temps avec nous, ma petite.

— Merci du renseignement.

Pourtant elle resta là plantée près de nous, en attendant mieux.

— C'est intéressant ce que vous dites, cette guerre n'est pas faite pour moi, reprit-il.

— Ah bien, dites donc, tu en as de bonnes, s'écria la femme, pour qui est-ce qu'elle est faite ?

Puis elle alla au devant de nouveaux venus.

Il rit jaune. Mais il était impatient de m'entendre.

— Cette guerre n'est pas faite pour vous. Vous êtes un cavalier. Or on n'a jamais vu un cheval dans le pays de là-haut, si ce n'est dans les coulisses du décor. Et puis, vous êtes un... sabreur. Or, un bâton dans la tranchée vaut mieux qu'un sabre. Et puis, il n'y a pas de soleil. Et puis, il y a trop de ferraille.

— Oui, comme vous dites, il y a trop de ferraille.

Bien qu'il glissât à la connivence, il gardait quelque chose encore de son ton mi-figue mi-raisin.

— Oui, trop de ferraille. Ça nous tue. Je veux dire que ça nous tue aussi moralement. C'est plutôt une guerre pour bureaucrates, ingénieurs, un supplice inventé par des ingénieurs sadiques pour des bureaucrates tristes. Mais ça n'est pas une guerre pour guerriers. Vous êtes un guerrier.

— Oui. Enfin, je suis un soldat.

— Voilà, vous êtes un soldat.

— Très intéressant, ce que vous dites.

Il tâchait de rattraper son ton détaché, condescendant, mais quelque chose en lui se réchauffait à mes paroles.

Je me rappelai soudain une rencontre, faite un an auparavant, dans une gare quelque part dans le centre. J'étais dans un train de blessés — on m'avait évacué parce que j'étais devenu sourd, mais sourd comme un pot ; sur un autre quai, il y avait un bataillon de Marocains qui montait. Des hommes superbes, jeunes, forts, au visage clair. Ils étaient neufs et dans leur force intacte, ils regardaient tout autour d'eux avec des yeux blessés. Ils se tenaient craintivement serrés derrière leurs officiers. Imaginez ce que pouvait être pour eux cette gare de novembre, battue de pluie, glacée, et ce train d'où émergeaient des visages du Nord, pâles, sanglants et ironiques. J'avais été ému par le spectacle de cette force sauvage, attristée.

— Vous êtes monté au début de Verdun. Vos hommes étaient beaux.

En lui la gratitude s'accentua.

— Ils étaient magnifiques. Vous les avez vus ? Quelle belle troupe. Et qu'est-ce qu'on en a fait... J'avais honte d'être au Maroc ; j'avais demandé de partir depuis longtemps, mais nous avions eu à marcher. Enfin, j'ai demandé à passer dans l'infanterie... Je n'étais pas venu en France depuis longtemps, et je n'aimais guère y venir. Comme c'était, Marseille...

— L'Europe est devenue à jamais une gare perdue. Partout des hommes parqués, attendant leur tour. Des entassements, de tous les côtés des entassements. Entassements dans les trains, les casernes, les tranchées. Entassements dans les bistrots, les mauvais lieux, les hôpitaux, les cimetières... Quelle impression avez-vous eue, quand vous êtes arrivé au front ?

— Il pleuvait, c'est tout. Il pleuvait. Nos hommes étaient déjà des bêtes malades, ils maigrissaient. On nous a mis dans un secteur calme, un secteur de boues...

— ... de bombardements taquins et routiniers, de villages vides, de bureaucraties terrées dans les caves, de généraux enfouis comme des taupes, de territoriaux paternes comme les machinistes d'un théâtre pieux, de petite vie et de petite mort.

— Oui, mais nous avons fait tellement de bêtises en première ligne...

— ... avec des coups de main arrogants et maladroits, avec des enthousiasmes et des paniques, que les Allemands conçurent l'idée de vous tailler des croupières. Ils...

— Ils commencèrent...

— Ils commencèrent par vous bombarder.

— Oui. Mes hommes étaient des Mahométans et d'ailleurs habitués à la misère ; mais ils ne comprirent pas cette fatalité, cette misère-là. Ils devenaient fous, foutaient le camp. Ces hommes magnifiques faits pour la charge.

— Ils chargèrent en arrière.

— Oh, ils avaient bien peur.

— Mais vous n'avez pas vu le visage de terreur des hommes quand ils chargent. J'ai vu un Allemand arriver au-dessus de ma tranchée. Le seul qui aboutit à nous d'une attaque fauchée. Sa silhouette au-dessus de nous nous épouvanta ; à trois, nous lui tirâmes dans le ventre. Si vous aviez vu, avant même notre décharge, le pauvre visage d'agonie de cet agresseur perdu. Il s'écroula sur nous.

— Oui...

Il hochait la tête, le coude accroché à la rampe du bar, écrasant sa cigarette sur le bois, le visage tiré.

— Et vous ? dis-je lentement.

— Moi je haïssais...

— Oui, la haine, c'est cela. Il nous vient une haine terrible contre tout. Qu'est-ce que vous haïssiez ?

J'arrivais au point vivant dans cet homme. Son visage s'anima et la parole jaillit, directe. Il releva la tête brusquement et me regarda dans les yeux.

— Je haïssais le monde moderne. Tout cela, c'est le monde moderne.

Ce grand mot ne me surprit pas. Il ne me choqua pas non plus.

Ce n'était pas une idée générale, mais une passion qu'il exprimait.

— Et vous rentrez dans votre vieux monde, ce vieux monde qui n'est plus qu'en Afrique.

— Oui, murmura-t-il, retombant dans la gêne.

— Vous laissez tomber le monde moderne.

Je ricanai largement. Il me regarda en fronçant les sourcils, pâle de gêne. Mais moi aussi je le regardai. Je sentais que j'avais été trop loin. Mon regard le rassura, endormit son effroi et sa colère.

— Vous auriez mieux aimé vivre à une autre époque, dis-je, ne riant plus, pesant le poids de sa répugnance.

— Oui.

— Mais laquelle ?

— Je ne sais pas. Au XVIIIe siècle...

— La guerre n'était déjà pas drôle au XVIIIe siècle. On était déjà terriblement encaserné, enrégimenté. La mousqueterie, la canonnade étaient déjà mauvaises.

Les nobles n'étaient plus que des fonctionnaires. Vous savez, depuis le XVIᵉ, depuis qu'on a créé des régiments réguliers...

— Croyez-vous ?

— Mais oui, mais oui.

— Quand même.

— Non. Remontez au Moyen Age, c'est plus sûr. Rencontres bien réglées, selon des principes bien admis et humains. Peu de personnel, bien choisi, largement pourvu de valetaille. Pertes minimes, beaux pillages.

— Vous êtes drôle.

— Hélas, j'exagère. Je fais la part trop belle à ces messieurs du Moyen Age. La guerre n'a jamais été pure. D'abord, elle n'a jamais été faite uniquement par ceux à qui elle plaisait, et ceux-là ont toujours été tentés de la faire, plutôt qu'à leurs pareils, aux autres. Ensuite, le peuple, voyant les acteurs descendre si souvent parmi les spectateurs pour les détrousser, grimpait sur la scène pour se garer en donnant aussi des coups.

— Pour ce qui est du pillage, c'est forcé, s'écria-t-il, montrant trop le plaisir que lui faisait mon évocation.

— Ça, ça vous plaît... Dites donc, avouez qu'au Maroc, c'est un peu la chasse. Facile.

— Ne croyez pas cela. Vous ne savez pas.

— Enfin, là, vous ne crachez pas sur les armes modernes qui vous donnent un tel avantage...

— C'est vrai, grogna-t-il dans un mouvement de justice, mais non sans un peu d'agacement.

— Enfin, je vous comprends tout de même. Je ne suis pas très sûr des mérites de la guerre du passé ; mais je suis sûr des démérites de la guerre actuelle. Elle n'a rien de noble.

— Enfin...

— Ne la défendez pas, puisque vous la quittez.

Il sursauta. Il était près de se fermer dans le remords et la rancune.

— C'est une guerre démocratique.

Je savais qu'il se jetterait sur ce mot. Et puis, il avait besoin d'être justifié. Angoissé au moment de quitter la France, il attendait de moi, l'interlocuteur rencontré par hasard, mais souhaité depuis longtemps, une justification.

Il me fallait bien le justifier, pour pouvoir me justifier moi-même. Car moi aussi j'avais été étonné de ne pas tous les jours — loin de là — aimer cette guerre.

— C'est plutôt une guerre d'usines qu'une guerre d'hommes. On fabrique en masses de la ferraille dans les usines, et puis on se la jette à la tête, de loin sans se regarder et en geignant. La part laissée à l'humain n'est plus bien grande. Quelques coups de main. Quelques bousculades. Quand à la longue un bombardement réussit, ceux qui ont lancé le plus de ferraille massacrent les survivants dans leurs abris. Ce sont les seuls contacts humains. Nous sommes loin de la guerre décrite par Joinville ou même par Montluc.

— C'est la démocratie.

Je lui repris ce que je lui avais accordé :

— Oui, si vous voulez. Mais il faut avouer qu'elle a commencé de bonne heure. Dès Azincourt, dès Bouvines, l'infanterie, cette plèbe, a gâché le jeu de la cavalerie ; puis ce fut l'artillerie, cette bourgeoisie.

— Un homme ne doit tuer un homme que quand il le voit, à bout de bras.

— Certes, je vous comprends. C'est tout le procès du monde moderne, là et ailleurs.

Je recommandai des whiskys. Nous étions contents l'un de l'autre. Puis je repris :

— ... Voilà encore une question, la question des chefs. A Athènes, l'homme qui votait la guerre partait le lendemain pour la faire et il nommait général celui

qui l'avait proposée et qui combattait près de lui... Les
chefs ne risquent plus guère leur peau.

— C'est vrai, il y a cela aussi, murmura-t-il, effrayé,
mais sans pouvoir étouffer l'amertume de son souvenir.

— Un jour peut-être, vous serez général, m'écriai-je.

— Je n'y tiens pas. Je vais m'enfoncer dans le désert.
Ceux qui aiment le désert ne deviennent pas généraux.

— J'ai lu quelque part dans Voltaire qu'une bataille
vers 1690 fut notable parce que pour la dernière fois on
y vit les généraux charger à la tête de leurs escadrons.
Aujourd'hui, un général est comme un homme d'État.
Il y a la même distance entre l'homme d'État et la
place publique (en 1917, on ignorait la radio) qu'entre
le général et le champ de bataille.

— Tout cela est abominable.

— Notre civilisation prend un curieux développement.

— Elle n'a plus aucune mesure, aucune proportion.

— Ainsi finissent toutes les civilisations. Nous
entrons dans l'époque des grandes masses qu'ont
connue Babylone, l'Égypte, Rome. Mais déjà nous les
avons dépassées.

— Moi, j'ai horreur de tout cela.

Je coupai brusquement :

— Faites-vous aviateur.

— Comment ?

— Oui, les aviateurs sont les privilégiés du combat
moderne. Comme les chevaliers du Moyen Age.

— Croyez-vous ?

— Un aviateur ne dépend que de soi.

— Et si son appareil...

— Cela vaut bien les écarts d'un cheval.

— C'est vrai... Mais je n'aime pas la mécanique.

— Tant pis pour vous.

Il pinça les lèvres.

— Et vous ? lança-t-il un peu au hasard, dans un geste de défense un peu piteux.

— Moi ? Moi, ce n'est pas vous. Je ne suis pas un guerrier professionnel ; je ne peux pas me plaindre. Je suis un civil : ai-je le droit de me plaindre de cette guerre de civils ? Non ; mais raisonnable, j'ai le droit de me plaindre de cette guerre de fous. Surtout, homme, j'ai le droit de me défendre contre la foule. J'en prends et j'en laisse. Tantôt mêlé à la foule, tantôt loin d'elle. Je sais bien que je cesserais d'être humain et retirerais toute réalité au reste de mes jours, si je me retranchais tout à fait de cette foule et de sa misère. C'est pourquoi de temps à autre, je vais dans les tranchées. Quand la bêtise paraît à mes yeux l'emporter sur la misère, je m'en vais.

— Comment faites-vous ?

— Et vous ? Comment faites-vous pour quitter le front français et retourner en Afrique ?

Il détourna les yeux. Pourtant, moi, je m'expliquai.

— J'ai été blessé. Une autre fois, je suis devenu sourd. Maintenant je suis pistonné pour deux ou trois mois. Mais pour rien au monde je ne voudrais devenir un embusqué. A moins de vingt-cinq ans, j'en mourrais moralement.

Il paraissait très abattu.

— Eh bien, quoi ? Et le mépris ? lui dis-je, agacé.

Il essaya de se redresser, en ricanant. Mais il était tard. Il songea avec regret que s'il s'était tenu sur ses gardes comme d'habitude, il aurait pu m'en imposer ; c'était bien raté.

— Qu'est-ce qui vous ennuie ? De ressembler à certains en retournant au Maroc ? C'est entendu, vous allez vous retrouver en triste compagnie, le Maroc est plein de fils à papa. Mais dites-vous que vous avez de meilleures raisons qu'eux. Puisqu'au Maroc vous êtes prêt à vous faire tuer, selon vos goûts... ou vos habitudes.

7

Je faisais traîner ma voix, j'y mettais un accent de bonhomie gouailleuse ; je feignais un peu l'ivresse pour faire passer ces paroles cruelles, mais justes.

— Sortons, me dit-il.

Nous sortîmes, après nous être disputés courtoisement pour payer les consommations. C'était dans mon rôle de payer. Nous nous promenâmes un peu dans les rues, qui se vidaient. Profitant de l'ombre, je repris bientôt la conversation.

— Évidemment, on n'est jamais sûr de ne pas chercher des raisons, pour justifier sa lâcheté. On en trouve toujours. On ne veut pas mourir et l'on dit qu'on n'aime pas la saleté, le bruit ou la foule, la démocratie ou la ploutocratie. Ceci ou cela. Mais peut-être que simplement on est trop sensible. Moi je sais que j'ai été élevé dans le coton. Alors... Et vous ? Il y a en vous un homme du Moyen Age, soit ; mais il y a aussi un homme moderne, délicat, qui n'a point été préparé dès l'enfance à la misère, à la terrible destinée de l'homme.

Je ne le regardais pas : je le sentais crispé près de moi. Toutefois, il avait voulu que ces choses-là lui fussent dites.

— Mais en Mauritanie, s'écria-t-il enfin avec colère, j'ai souffert et j'ai aimé ma souffrance. J'ai souffert de la faim et de la soif, de la solitude, j'ai risqué des supplices atroces ; de gaîté de cœur j'avais renoncé à tout. Depuis mon enfance, je voulais être officier en Afrique et j'exerçais mon imagination au réel. J'ai regardé la mort en face pendant des heures et des jours.

— Je sais, c'est pour cela que je vous ai parlé avec sympathie... et respect.

Je marchai en silence, un instant, puis je portai le dernier coup ; c'était le meilleur moment.

— Et pourtant, à Verdun, vous avez eu peur.

Alors, il se jeta, tête baissée, avec rage, dans l'aveu :

— Oui, j'ai eu peur, et je ne serais pas un homme, si

je n'avais pas eu peur. Ce ne sont pas des hommes, ceux qui peuvent supporter cette morne boucherie. Hein ?

— La patience des Européens dans cette guerre, en dit long sur l'état d'abaissement où ils sont tombés. Ils sont devenus profondément lâches, et ils ont perdu tout sens de ce qui est humain. Songez à la tête qu'auraient faite Socrate ou Montaigne à Douaumont. Ils ne savent plus ce qu'est la guerre, pas plus que l'architecture ou l'amour. Leur veulerie s'explique par l'oubli, l'ignorance dans laquelle ils sont tombés. Mais les Russes, ces beaux paysans, ces vrais païens ont l'air de vouloir jeter le manche après la cognée.

Il me regarda. Ce que je lui disais continuait de le torturer en même temps que de le séduire Je le regardai bien en face et lui dis :

— Écoutez, n'ayez pas peur de moi comme cela. Je ne suis pas un pacifiste, vous le sentez bien. J'ai horreur d'un homme qui n'est pas un homme et qui n'est pas capable d'affirmer avec son corps ou de pâtir avec son corps. Je ne pardonne cela qu'à certains hauts esprits qui ont poussé loin le risque moral ; et encore. L'Homme pour moi ne peut cesser d'être un guerrier de quelque manière. Moi aussi, quand j'étais enfant, j'ai voulu être officier, et je frémis toujours quand je rencontre un homme comme vous, qui me fait rêver. Donc...

Je comprends maintenant qu'il me faisait rêver à ce type de révolutionnaire, d'abord un guerrier, que j'ai cherché en vain après la guerre dans les partis français.

— Oui, oui, me dit-il, je vous demande pardon. Et d'ailleurs, je dois vous paraître un hypocrite. Mais vous savez ce que c'est...

— Oui, il y a des choses qu'on n'aime pas entendre dire par les autres. Mais il faut vaincre cette avarice...

Il soupira, en regardant le ciel, qui était déjà son ciel d'Afrique, le veinard.

— Enfin, repris-je, il y en a qui aiment cela. Les

chrétiens, tenez, les chrétiens aiment cette guerre-là.
Psichari, sinon Péguy, se serait délecté dans nos char-
niers. Ils aiment cette guerre qui humilie la chair
comme le vice.

— Et puis tous ces gens des villes qui ont l'habitude
du bureau, de l'usine.

— Oui, ils vont à la tranchée comme à l'usine.

— Mais nous ?

— Vous êtes bien aimable.

Nous suivions des rues calmes, vers l'Est.

— On nous a envoyés à Verdun, après notre secteur
calme. J'ai perdu la moitié de mes hommes avant
d'arriver en ligne. Avec le reste de mon peloton, j'ai
garni deux ou trois trous. Et nous sommes restés là
huit jours, sous les bombardements.

Alors, je me suis mis à rêver. J'étais alors souvent
pris par ces rêveries inextinguibles et quinze ans après
je le suis encore.

« N'avez-vous jamais rêvé à l'étrangeté d'un endroit
où il n'y a personne, pas un homme, un endroit que
personne ne regarde ? Étrange veuvage de la terre sans
l'homme, sans l'œil. Et si, en plus de cela, cette terre
est dépouillée, nue. Si on a soufflé ses maisons, si on a
arraché ses arbres et ses herbes, chassé au loin ses
animaux, alors quelle chose inimaginable, inhumaine.
Avez-vous vu des terrains vagues aux portes d'une
ville ? La désolation de ce qui n'est ni la ville ni la
campagne. Mille yeux secrets étaient braqués de tous
les côtés, mais moi je ne les sentais pas. Je ne sentais
pas la chaleur de tous ces hommes dissimulés. Dans
tout ce pays il n'y avait personne. Qui n'a vu le vide
d'un champ de bataille moderne ne peut rien soupçon-
ner du malheur perfide qui est tombé sur les hommes
et qui anéantira l'Europe. Il y a là des milliers
d'hommes, des centaines de milliers d'hommes. Et on
ne les voit pas. Où sont-ils ? Cachés, ensevelis dans la
terre, déjà ensevelis. Et ils ne remuent pas, ils ne

remueront pas pendant des jours. S'ils remuaient, on les verrait. La terre cache les hommes. Et pourtant la terre est réduite à rien. Ce n'était pas un pays plat, il y avait partout des ondulations ; mais tout cela, pioché, était uniforme. C'était devenu un pays lunaire, où les volcans presssaient leurs gueules béantes les unes contre les autres comme une foule figée dans un dernier hurlement. Plus de maisons, plus d'arbres, plus d'herbes. Plus d'animaux sur plusieurs lieues.

C'est tout ce que je me rappelle : la solitude, la solitude immobile.

Est-ce que je n'exagère pas ? C'était un pays de légères ondulations qui persistaient pourtant. Mais toute ligne était calomniée par la continuelle diatribe que vomissaient dix mille bouches noires. Les bois déchiquetés étaient comme des décombres humains. Pourquoi me faisaient-ils songer à ces jonchées de boîtes de sardines à la porte de l'enfer urbain ? C'était en février, il y avait des traces de neige, çà et là. Mais cette neige faisait une allusion de plus à une métamorphose lunaire. Et aussi, ce soleil pâle : notre maladie était bien la maladie de l'univers.

Ma compagnie occupa la redoute de Thiaumont. Nous entrâmes dans la redoute même. C'était un antique ouvrage en demi-lune, fermé à l'arrière par une grille. Sous la demi-lune, il y avait deux grandes chambres en contrebas. Quand le bombardement commença, mes hommes entrèrent dans ces chambres. Et ils restèrent là, assis en rond. Un vieux territorial, qui gardait l'ouvrage, nous avait annoncé que le plafond était en béton mais que ce béton ne pouvait peut-être pas supporter les gros obus et que sous les chambres, dans une cave, il y avait de la poudre. Puis il était parti, en hâte.

Le bombardement commença par des obus assez légers. Je me tenais sur le seuil de la première chambre en haut de l'escalier qui y descendait, et je les regar-

dais éclater dans la petite cour, en arrière de la grille. Il
en arrivait aussi sur le sommet de l'ouvrage et leur
explosion faisait retomber de la terre et des pierres,
juste devant mon nez.

Je regardais, appuyé au chambranle de la porte,
comme un homme malade à la maison qui regarde
pluie et soleil dehors. Derrière la grille, la contre-pente
descendait jusqu'à un vallon. Une autre pente remon-
tait en face : je la regardais, ensoleillée, bombardée. Je
regardais cette campagne déserte, fustigée et flagellée,
giflée et bafouée.

Puis, mon paysage de rais et d'éraflures, les gros
obus commencèrent à le ponctuer et à le ponctionner.
Ils faisaient des trous énormes dans la pente d'en face,
des trous énormes, béants, et profonds.

La ferraille de moindre calibre se multiplia aussitôt.
On n'avait jamais rien vu de pareil. Ceux qui avaient
été dans la Somme disaient que le mauvais temps de
là-bas c'était de la gnognote à côté de cette rupture de
l'univers.

Les gros obus tombaient régulièrement. Je fus frappé
de cette régularité et pris ma montre à témoin. Ils
tombaient toutes les deux minutes, ils étaient très gros,
et là où ils tombaient se produisait une absence atroce.

Et je restais là, je n'avais rien à faire. Il y avait ce
soleil, ce froid soleil d'hiver, peu charitable. Je n'avais
rien à faire. Avec mes mains, je ne pouvais rien faire
contre cela. Mon courage, c'était d'attendre immobile.
Je trouvais ce courage laid et faible, je ne l'aimais pas,
il ne me tenait pas chaud au cœur. Il ressemblait
singulièrement à l'inertie de tous ces hommes autour
de moi. Je ne pouvais rien commander, rien entrepren-
dre. Perdu au milieu d'une foule immense, au fond
d'une hiérarchie stupéfaite. C'était la société moderne
qui était là, éparpillée, à plat sur cette lune — et
pourtant toujours hiérarchisée abstraitement, et
même de plus en plus abstraitement. La société

moderne aussi bête que n'importe quelle société. Avec sa peste, sa lèpre, sa gale, son an mille.

Je regardais de moins en moins ce paysage où maintenant un éventreur enfonçait son bras jusqu'au coude, jusqu'à l'épaule. Je regardais ma montre qui signifiait bien mon destin de plus en plus simplifié, réduit au calcul des probabilités.

Mais mon corps ne voulait pas se réduire au tic-tac d'une montre. Il s'inquiétait et s'agitait dans sa profondeur. Mon âme était une petite aiguille fragile qui tournait en rond. Encore une minute. De petites éternités en petites éternités. Mais mon corps eut la colique. Ne pouvant réagir, ne pouvant me maintenir, me rassembler dans une action, je tombai dans la décomposition et le désordre. Mon âme faisait tic-tac, mais mon corps avait la colique. Il me fallut traverser la cour pour aller aux cabinets qui étaient près de la grille. Au milieu du désert en proie au feu, il y avait des cabinets. Et j'y allai. Je traversai la cour au milieu des éclats et d'une poussière pâle d'hiver, et je rendis à la décence le culte auquel elle était habituée.

J'y allai plusieurs fois, ce qui composait une sorte d'héroïsme.

Les Allemands ne se montraient pas ; ils s'en remettaient à leur artillerie. Quand ils avancèrent, vers le milieu de la journée, avec l'espoir de passer aisément par-dessus nos cadavres, tout d'un coup notre artillerie qui venait tout juste d'arriver les foudroya à leur tour. Sur cette pente, devant moi, prolongée en arrière je vis arriver nos deux régiments d'artillerie dans un galop apocalyptique.

Quand je n'étais pas aux cabinets, je restais là, sans rien faire. Qu'était-ce que ces hommes dans la cave ? Je ne les connaissais pas. Un renfort était arrivé — car auparavant, nous avions perdu beaucoup de monde dans la Somme — ils étaient presque tous nouveaux et inconnus.

Un homme, qui avait aussi été aux cabinets, revint en traversant la cour, pliant l'épaule sous la menace de la férule, comme un écolier en faute. Arrivé près de la porte où j'étais toujours appuyé, il alluma sa cigarette à la mienne. Puis, il s'appuya aussi au chambranle de la porte. Je me trouvai en retrait derrière lui, le menton appuyé sur son épaule. C'est alors que...

L'univers éclata. L'obus arriva et je sus qu'il arrivait. Énorme, gros comme l'univers. Il remplit exactement un univers fini. C'était la convulsion même de cet univers. Quelle lenteur. Bien plus lent que la foudre, je le vis venir. Mais tout de suite après, tout était déjà fini. Cet homme venu pour me protéger, avait tout reçu dans le ventre. Et il s'était renversé sur moi et je m'étais renversé en arrière et j'étais tombé en contre-bas dans la chambre. Et la porte s'était effondrée et la chambre était devenue un sépulcre vivant.

Tous les hommes assis en rond s'étaient dressés à mon cri, car j'avais hurlé. Un cri, un aveu épouvanta-ble m'avait été arraché qui les épouvanta, dit-on, plus que l'obus. Les hommes se ruèrent vers le point où avait été la porte et où maintenant se dressait un mur noir. Ils me passèrent sur le corps, ils me piétinèrent sauvagement. Me piétiner, les consolait d'être emmurés.

Nous étions emmurés. Quant à moi, j'étais piétiné. Des montagnes d'asphyxies s'effondraient sur ma poi-trine. Une horreur se tordait au fond de moi. J'allais mourir ; j'étais au fin fond du monde. Tout le monde était contre moi, Allemands et Français avec leurs bottes à gros clous. Une horreur se tordait et pourtant je ne bougeais pas comme dans un rêve.

Une seconde après, le sort avait tourné. Un nouvel effondrement se produisait qui ouvrait ailleurs une autre porte. Et je respirais comme tous les pieds étaient sortis.

Mon corps brisé se rassembla et se dressa. Il se jeta

dans la cour. A travers la brèche déchiquetée, je me jetai sur les pas de ma troupe affolée. Mais de l'autre côté de la brèche, ce fut un abîme où je tombai. L'énorme obus avait enfoncé le sol de la courette de deux et trois mètres. Mes membres meurtris furent meurtris encore par la chute. Je regardai vers le haut, en me relevant en hâte. La grille était restée intacte et l'un de ses battants ouvrait innocemment sur mon abîme. Les hommes achevaient de grimper en haut des pentes de mon abîme pour s'enfuir du lieu de mon épouvante. Du fond du trou j'apercevais un des pieds de l'homme qui m'avait protégé de son corps, bien à son insu. Ce pied sortait des décombres de la porte. Je grimpai hors du trou. Pendant tout ce temps, je gémissais.

Bientôt les hommes regrettèrent la chambre bétonnée, car en plein air, ils étaient la proie des moindres frémissements du fer. Aussi bientôt ils revinrent à leur tanière amochée. Et moi, je repris ma faction sur le seuil. Il ne se passa grand-chose d'autre dans la journée.

Ce jour-là, je me suis juré que tout cela c'était une honte, une abomination et que cela n'avait rien à faire avec moi, un soldat. Un soldat, c'est un homme. Un homme, c'est un corps. Or qu'advenait-il de mon corps ? Je n'avais pas à m'en servir. Il était voué à une lourde et sournoise et continue blessure, hideuse et lente comme une maladie. Je n'avais ni à courir, ni à sauter. Je n'avais à remuer ni mes bras, ni mes jambes. Mes muscles ne me servaient à rien. Quant au commandement, cette partie puissante de mon être entre mon corps et mon âme n'avait pas à remuer non plus. Mes hommes étaient assis et attendaient. S'il avait fallu susciter quelque chose en eux, c'eût été une peur active. Et cette absence de l'ennemi, qui causait une désorientation perpétuelle de tout l'être humain en moi — c'est-à-dire l'impossibilité de donner un sens à

mon courage, l'inutilité de toute précision, de toute
articulation, la paralysie en moi de l'action, de la
liberté.

Qu'est-ce que je fais là ? Je suis un homme. J'ai été
promis à un monde d'hommes et d'animaux. Mes
ancêtres n'ont pas travaillé à une civilisation pour que
soudain nous n'y puissions plus rien et que le mouvement se perde machinal, aveugle, absurde ? Une
machine, un canon qui tire sans arrêt, tout seul.
Qu'est-ce que cela ? Ce n'est ni un homme, ni un
animal, ni un dieu. C'est un calcul oublié qui poursuit
seul sa trajectoire à travers le monde, c'est un résidu
incroyable. Quelle est cette reprise étrange de la
matière sur la vie ? Quel est ce déroulement mécanique
de la matière ? Des mots absurdes deviennent vrais :
mécanisme, matérialisme.

C'était un déchaînement inattendu, épouvantable.
L'homme au moment d'inventer les premières machines avait vendu son âme au diable et maintenant le
diable le faisait payer. Je regarde, je n'ai rien à faire.
Cela se passe entre deux usines, ces deux artilleries.
L'infanterie, pauvre humanité mourante, entre l'industrie, le commerce, la science. Les hommes qui ne
savent plus créer des statues, des opéras, ne sont bons
qu'à découper du fer en petits morceaux. Ils se jettent
des orages et des tremblements de terre à la tête, mais
ils ne deviennent pas des dieux. Et ils ne sont plus des
hommes.

Je me rappelle Marathon. J'en appelle à Marathon.

Je m'ennuie. Je ne puis déployer ni mon intelligence
ni mon courage.

(Mais si tu étais aviateur !)

Je m'ennuie, tout est laid. Humanité et nature
confondues s'effacent dans le néant... »

Nous marchions, tous les deux, le tirailleur et moi,
dans une ville quelconque, loin, loin de la guerre. Et de
temps en temps, nous échangions des propos quelcon-

ques, comme sur la pluie et le beau temps, où pourtant
deux ou trois fois ma conscience et sans doute la sienne
revinrent avec une vitesse électrique pour se saisir
d'un détail qui était une révélation sur nous-mêmes.

Il murmura, sur un ton chantant :

— Les deux artilleries ruées sur nous. Des attaques
et des contre-attaques qui étaient des soulèvements de
paralytiques, des traînées de larves, des velléités de
fous dans leurs cabanons.

Un peu plus tard, je répliquai malignement :

— Mais la grenade, c'est distrayant.

— Oui, mais il n'y en a pas eu beaucoup.

— Vous exagérez.

— Et vous ?

Nous éclatâmes de rire ensemble, et grossièrement,
cyniquement. Cet éclat de rire là me le livra, jusqu'à
une profondeur qui me surprit un peu.

Plus tard encore, moi :

— Verdun. Plus d'arbres, plus de maisons, plus
d'animaux à cinq lieues à la ronde.

— Des divisions détruites avant d'arriver en première ligne.

— Des hommes qui se tuent sans se voir.

— Des lignes enchevêtrées où côte-à-côte Allemands
et Français geignent.

— Des artilleries perdues au large de la catastrophe
comme des bateaux de guerre surpris en plein combat
par la tempête.

— Lâcheté contre lâcheté.

— Prison contre prison. Et quand je pense que
certains se croient obligés de défendre cela. Après la
guerre, nous aurons l'apologie — indirecte, oh, indirecte — de la guerre industrielle et démocratique faite
par des partisans du bon vieux temps qui par ailleurs
vantent la vie paysanne et l'âme individuelle.

C'était moi qui avais dit cela. Il tiqua.

— Vous trouvez que je vais trop loin, lui dis-je tristement. Je ne songeais plus à rire.

A Verdun, les hommes me faisaient peur. Je regardais autour de moi ces hommes vautrés. Et je songeais aux généraux derrière.

Comme un écho à ma pensée, il continua :

— Dans un général, il y a un ancien sous-lieutenant.

— Or, un sous-lieutenant, de quoi cela rêve-t-il ? D'être un homme qui court au soleil, comme le Grec à Marathon. Oui, à Verdun, j'ai pensé à Marathon. Et j'ai pleuré. Oh, ma pauvre jeunesse déçue. Je m'étais donné à l'idéal de la guerre et voilà ce qu'il me rendait : ce terrain vague sur lequel pleuvait une matière imbécile. Des groupes d'hommes perdus. Leurs chefs derrière, ces anciens sous-lieutenants au rêve fier, devenus de tristes aiguilleurs anxieux chargés de déverser des trains de viande dans le néant... Pendant six heures, un jour, des Allemands attaquèrent, très loin devant nous, à peine vus. Et pour rien.

— J'ai horreur de ces boucheries démocratiques, répéta une dernière fois mon compagnon.

— Et la France ?

Je pensais arriver avec lui à ce mur où il devait se cogner depuis des mois. A mon grand étonnement, je le vis hausser les épaules. Mais aussitôt après il flancha, biaisa.

— Je suis blessé. J'y suis allé. On me renvoie.

Je m'arrêtais au milieu de la rue, une rue calme, je ne savais où, où nous étions seuls. Je pesai en moi des mots, sans le regarder.

— Vous êtes blessé ?

— A la jambe.

Je l'avais vu se balancer d'une jambe sur l'autre au bar et dans la rue. Ce n'était pas grave : un prétexte. Il avait une canne.

— Tant pis, dis-je déçu, en repartant sur les petits pavés, votre cas est moins intéressant.

Il ne répondit rien. Je le regardai, il me regarda :
« Pourquoi le mépriserais-je ? me dis-je. Certes, notre
rencontre est une de ces rares rencontres où d'un
commun accord, deux hommes pour une heure se
promettent la loyauté. Mais est-ce que je connais ma
figure ? Est-ce que je sais ce qu'elle exprime habituelle-
ment ? Et en ce moment ? Peut-être n'ai-je pas un air à
mériter le suprême abandon. Et puis, il y a une ou deux
choses dans chaque homme qu'on ne peut lui arra-
cher. »

Je repris pourtant :

— Enfin, la France ?

— J'ai fait ma part. On a besoin de moi, là-bas. Tout
le monde ne peut pas être dans l'infanterie, dans la
Somme.

— Vous en prenez et vous en laissez... comme moi.

— Comme vous.

— Mais vous n'étiez pas parti comme moi dans la
vie.

— Je ne voulais pas vivre en France.

— Et maintenant...

— Dites-le : je ne veux pas y mourir.

— Et les hobereaux allemands, vos pareils ?

— Ils doivent penser comme moi.

— Vous arrangez les choses.

Ce fut à son tour de s'arrêter. Il m'obligea à me
retourner vers lui.

— Vous n'êtes pas homme à vouloir en juger un
autre, grinça-t-il.

— Sur le terrain de la sincérité, oui.

— Eh bien, vous la connaissez, ma sincérité.

Je sifflotai.

— Peut-être.

— Vous savez bien que dans tout homme, il y a une
limite à l'abandon qu'il peut faire de lui-même.

— Allez dire cela à mon ancien colonel qui a été tué
à Verdun, une âme toute au service.

Il serra les dents et enfonça sa canne entre deux
pavés.

— Je me fous de cette bagarre qui me fait horreur.

— Et vous vous foutez de la France.

Il me regarda sérieusement et dit lentement :

— Je peux vous dire : oui, pour vous faire plaisir.
Mais ce ne sera pas tout à fait exact.

— Je sais bien que vous n'êtes pas un internationa-
liste.

— En Afrique, je ne m'en moque pas.

— Vous choisissez vos ennemis.

— D'autres que moi le font aussi. Vous me cherchez
noise parce que vous n'aimez pas les officiers.

— C'est vrai.

— Voilà.

— Vous êtes un assez curieux homme parmi les
officiers.

Il se remit à marcher, mécontent et charmé, inquiet
et sûr de lui.

Ma malignité s'en allait ; je me plaisais à ce cas-là,
après tant d'autres. J'admets tout. Si je condamnais les
hommes, les connaîtrais-je ?

Je repris mollement la discussion, à bâtons rompus,
me répétant. Il me suivait à la même allure, rassuré,
sachant la partie gagnée.

— Enfin, si les Allemands prennent Paris, si l'on
ramène les dernières troupes d'Afrique...

— Eh bien, je reviendrai.

— Il sera trop tard.

Des matelots ivres passaient qui ne pensaient à rien.
Il les regarda avec envie. Puis il me regarda avec une
sorte de colère émoussée.

— Vous parlez bien.

— Tout ce que je vous dis, je me le dis à moi-même.

— Et vous faites la sourde oreille.

— C'est délicieux d'être un homme et de se moquer
de la société. On lui appartient corps et âme ; on ne

peut rien sans elle ; et pourtant quand on a un peu de vie, on parvient à dérober quelque chose à ses folles exigences. Bienheureux péché, bienfaisante trahison. Vous allez échapper au déluge européen. Je vous salue, Noé.

Il eut un ricanement morne.

— Je rapporte mon corps à l'Afrique ; mais c'est tout.

— N'ayez pas peur, votre âme est dedans. Elle saura faire sa métamorphose.

— Qu'est-ce qui restera de la France et de l'Allemagne, après la guerre ?

— Il vous restera votre Afrique.

Je ne voulais pas le pousser dans ses derniers retranchements. En fait, je n'en étais pas capable, car moi-même alors je n'avais pas bien débrouillé ces problèmes. J'avais vingt-trois ou vingt-quatre ans, et je vivais au jour le jour, cédant à mon instinct qui tantôt me rejetait vers le front et tantôt vers l'arrière.

Nous revenions tout doucement vers le Quai d'où nous étions partis.

Après un long silence, ce fut lui qui reprit, ramassant à bout d'arguments son attitude de défense dans une déclaration purement passionnée, comme il avait fait cent fois pour lui-même.

— Je suis un Africain. Je suis de cœur avec ces Targui. (J'étais méhariste.) Je suis là-bas pour partager leur vie. Je me bats avec eux, mais ils se battent aussi entre eux.

— Vous jouez sur les mots. Vous vous battez contre eux pour détruire avec vos fusils à tir rapide leur façon de vivre, pour les empêcher de se battre entre eux.

— Je sais, je suis en pleine contradiction. Mais après tout, je m'en fous.

Nous nous arrêtâmes et nous nous regardâmes.

— Eh bien, oui, il y a un mensonge dans ma vie, lâcha-t-il enfin, avec un accent direct, livré, humain, qu'il n'avait pas eu encore, depuis le début de notre rencontre. Mais le mensonge et la contradiction sont partout. Il y a un mensonge qui est le ressort de la vie de chacun. Vous connaissez mon mensonge, mon ressort, Monsieur. Quel est le vôtre ? Mais je le connais. Vous voudriez être brave, alors que vous ne l'êtes pas. Mais cette volonté d'être brave vous a ramené au front deux ou trois fois. En sorte que vous pouvez dire que vous avez été brave. C'est un mensonge, mais qui dit bien votre qualité particulière : une témérité sans lendemain.

— Assez bien jugé. Mais les jours où j'ai été brave, je l'ai été sans effort.

— Et pour moi, ces jours-là sont en Afrique. En sorte que la France y est bien gardée. Qu'elle s'arrange avec d'autres à Verdun.

— Ah oui, nous comptons toujours sur les autres. Et avec raison. Nous savons bien que d'autres feront ce que nous ne pouvons faire — puisqu'ils ne peuvent faire ce que nous faisons. On se partage les rôles.

Nous ne nous parlâmes plus guère. Nous étions sur le quai.

— Bonsoir, me dit-il.

— Nous avons beaucoup parlé.

— Une fois n'est pas coutume.

Il s'en alla en boitant un peu.

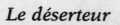

Le déserteur

Celui-là, ce ne fut pas moi qui allai vers lui, qui le découvris et le provoquai, ce fut lui qui s'imposa.

J'étais quelque part en Amérique du Sud, chargé d'une mission économique, personnage officiel, et, un soir, on m'avait demandé de présider un banquet français. Je crains beaucoup ces réjouissances à plusieurs, car, si les marchands m'invitaient, c'était à coup sûr pour nous extasier sur cet état de Français qui leur semblait rendre tout commun entre eux et moi.

J'y allai pourtant, car je suis facile. Mais je m'en tins longtemps à des propos sobres, si sobres que tous les visages paraissaient déçus. Pourtant, évitons la facilité du scandale ; au dernier moment, je plaquai froidement deux ou trois phrases de banale vanité collective. Elles trompèrent et satisfirent tous ceux qui ne peuvent pas échapper à la tromperie ; les rares autres, elles les firent sourire et froncer le sourcil.

Ce fut le lendemain matin que cet homme vint me trouver. D'après son nom inconnu, griffonné sur une feuille d'agenda, je refusai de le recevoir, craignant un tapeur ou un fou. Mais, en descendant, un peu plus tard, je me heurtai à lui dans le hall de l'hôtel ; alors, je me rappelai un sourire ironique qui tranchait sur la rangée uniforme des sourires revenus à la pleine

suffisance pendant que je lançais ma péroraison, la
veille au soir.

— Je voudrais que vous m'accordiez une heure de
conversation, me dit-il.

— Je suis très pris.

— Mais vous êtes curieux. Avez-vous jamais vu un
déserteur ?

— Bien sûr. Vous...

— Oui... Mais aussi, je n'ai pas causé avec un
Français intelligent depuis quinze ans...

J'eus soudain envie de plaquer une invitation
ennuyeuse.

— Bon. Sortons.

C'était un gaillard de six pieds. Sa figure était bien
française — sans doute bourguignonne — avec un nez
assez avancé et charnu, des yeux bleus enchâssés dans
un trait léger mais net, une bouche appréciative, un
teint coloré. Sa voix sonore était amortie et prolongée
par l'ironie.

J'avais une auto à ma disposition ; je l'emmenai.
Nous fûmes bientôt installés dans un café assez soli-
taire au bord de l'Atlantique.

— Pourquoi êtes-vous venu me trouver ?

— Parce que votre discours scandaleux m'a mis en
confiance.

— Vous exagérez.

— Oui, en effet. Votre personnage, par ailleurs, n'a
rien de scandaleux. Vous êtes un excellent serviteur de
l'État.

— Etes-vous anarchiste ?

— Non. Je ne suis pas un intellectuel. Tout en
pratique, horreur des théories.

— Quand avez-vous déserté ?

— En août 1914.

— Vous étiez en France ?

— Oui.

— Vous étiez soldat.

— J'étais réformé.

— Un gaillard comme vous ?

— J'avais un oncle général.

— Comment avez-vous déserté ?

— J'ai pris le train pour la Hollande, le 1er août 1914. On ne pouvait pas encore m'empêcher de sortir. Et de là, je suis passé en Amérique du Sud.

— Alors ? Est-ce que vos raisons vont m'amuser plus que le fait lui-même ?

Mais il ne croyait pas à mon indifférence.

— Je voulais causer avec un Français intelligent.

— Vous aimez les Français ?

— Ni plus ni moins que les autres, mais je ne parle vraiment bien ni l'italien, ni l'allemand, ni l'anglais. Alors les Français, en dehors des Espagnols et des Portugais, sont les seuls Européens avec qui je puisse converser.

Ses yeux clairs, un peu blancs, je ne savais s'ils étaient stupides ou tranquilles. Il parlait lentement, cherchant un peu ses mots, ou feignant de les chercher.

— Et alors, pourquoi avez-vous déserté ?

— Parce que je ne voulais pas être tué.

— On est toujours tué, tôt ou tard, par la mort.

— Je me sens vis-à-vis de moi-même le devoir de vivre assez tard.

— Mais vivre comment ?

— N'importe comment, mais vivre.

— Comment avez-vous vécu ?

— Assez mal ; mais aussi admirablement bien. Chaque jour, et encore maintenant, est illuminé par le sentiment que je l'ai voulu.

Je me rappelai que plusieurs fois, sous le feu, j'avais rêvé de cette simple autonomie.

Je regardai aussi son costume. La chemise molle était empruntée à la jeunesse nord-américaine ; mais quelque chose d'engoncé dans la cravate et le gilet, et

aussi les bottines rappelaient la France. A moins que ce
ne fût le cérémonieux qui reste aux Sud-Américains.

On ne pouvait dire qu'il fût riche ou pauvre. Avare ?
Ou sans façon ? Ou un bourgeois bohème ?

— Vous aviez de l'argent, puisque vous avez pu fuir
si loin.

— Juste de quoi fuir si loin. J'ai renoncé à mon petit
héritage. Mon père était entrepreneur de maçonnerie à
Beaune.

— C'est bien le moins.

— Mais oui.

— Vous avez travaillé.

— Oh ! j'aurais pu faire fortune. Mais ça ne m'inté-
resse pas. Ce que j'aime, c'est vivre.

— Mais enfin, en quoi ça consiste ?

— Vivre ? Respirer, marcher, étendre les bras, manger, boire, fumer, faire l'amour.

— Et c'est tout ?

— Tout est là-dedans, si on le fait bien.

— Et la société ?

— Elle demande trop, je lui donne le moins possible.

— Mais elle vous donne beaucoup.

— Elle veut me donner plus que je ne lui demande.

— Enfin, la société a des avantages et des inconvé-
nients. Vous acceptez les uns et refusez les autres. Vous
trichez avec la société.

— S'il n'y avait pas de tricheurs, elle ne serait pas
vivante, la société.

— Mais vous aimez la société.

— C'est la condition de l'homme : il n'y a jamais eu
d'état de nature. L'homme a toujours été en société.

Il employait les mots abstraits avec une prudence
amusée, en remuant de gros doigts. Moi :

— Il faut tout accepter de ce qu'on aime.

— Pourquoi ? Vous aimez la nature, mais vous ne
faites pas votre habitation des déserts ou du cratère
des volcans qui sont parties de la nature.

— Mais si vous refusez la guerre dans la société, la refuserez-vous aussi dans la nature ?

— Que voulez-vous dire ?

— Oui, si je vous insulte, si je vous bats, ne me répondrez-vous pas ? Et n'avez-vous jamais envie de donner gratuitement des coups ?

—Certes, et je ne m'en prive pas.

Il rit de ses fortes dents blanches, il carra ses fortes épaules. A partir de ce moment, il fut beaucoup plus à l'aise, comme rassuré sur l'interprétation que je pouvais donner de ses confidences.

— J'en ai rossé plus d'un dans mes années difficiles. J'ai fait tous les métiers et je me suis cogné à toutes gens.

— Et vous ne voulez pas que la société ait des humeurs comme vous ?

— On ne peut comparer quelques mornifles à vos boucheries d'Europe.

Je restai un instant silencieux.

— Vous avez beau dire. Vous refusez la civilisation.

— Comment ?

— Vous n'appartenez à aucune patrie. Or, la forme inévitable d'une société, c'est d'être une patrie. Une patrie, c'est à la mesure du regard des hommes. Et puis, il faut bien de la variété sur la planète.

— D'abord, aujourd'hui la France ou l'Allemagne, c'est trop petit.

— Certes, quand je parle de patrie pour moi, je parle de l'Europe. Eh bien ! allez aux États-Unis ou en Russie, ou militez pour les États-Unis d'Europe.

— Non, j'ai lâché l'Europe pour de bon. Je l'ai fait par instinct, mais aujourd'hui ma raison me dit qu'elle crèvera dans ses dissensions.

Notre café était situé à mi-hauteur, sur une colline. C'était mon homme qui me l'avait indiqué. Un café un peu allemand, un peu italien. Les effets ignobles et banlieusards de la construction étaient joyeusement conspués par le soleil et il y avait deux ou trois grands palmiers. Une mulâtresse passait parfois, vêtue de rose, blême, mais vêtue de rose.

Enfin, une grande baie s'ouvrait devant nous. D'élégantes montagnes l'entouraient et la laideur, cette maladie de nos jours, ne pourrait jamais briser leur ligne de jeunesse. La terre restera belle.

En vain, dans le repli de deux ou trois de ces montagnes, une énorme ville s'entassait. Les palmiers la bénissaient et l'ombraient de leurs grâces. Les gratte-ciel s'effondraient sous la lumière.

— Oui, vous appartenez à l'Amérique, à ce continent de la paix. Car, malgré quelques fusillades ici et là, c'est le continent de la paix, l'Amérique. Au fond, on s'est peu battu en Amérique depuis le xve siècle.

— C'est-à-dire qu'on n'a fait que ça. Mais en détail, le plus souvent.

— Enfin l'Amérique ne connaît pas cette plaie des grandes guerres périodiques... (Il hocha la tête). Et les Européens qui sont venus ici ont cherché cela.

Je regardai au loin. Là-bas, cette grande ville était toute tournée vers l'Europe.

— C'est évidemment être américain que d'être renégat de l'Europe, ricana-t-il.

— Oui, comme tous les Américains, vous n'êtes qu'un Européen dépaysé.

— Il y a du vrai là-dedans.

— Vous souffrez tous ici d'une sorte de consomption morale. Il vous manque quelque chose.

— La guerre !

— Mais oui. L'homme ne peut se passer de la guerre. Pas plus que de l'amour.

— J'aime bien donner un coup de poing, mais la caserne m'ennuie. Je veux bien mourir, mais non pas en m'ennuyant. Vous ne vous êtes pas beaucoup ennuyé pendant cette guerre ?

— Il me semble maintenant que je me suis ennuyé

parce que j'ai pris de l'âge et que la guerre n'est possible que pour les jeunes gens. C'est chez eux l'explosion suprême de l'enfance. Maintenant à quarante ans, la guerre m'ennuierait. Et d'ailleurs la prochaine guerre sera un prompt tremblement de terre...

— J'avais vingt-cinq ans en 1914. J'avais horreur des casernes, et aussi des bureaux. C'est pourquoi je suis venu dans ces pays assez primitifs où le travail garde quelque fantaisie. Encore ai-je dû ouvrir l'œil pour maintenir mon équilibre entre le besoin d'argent et la nécessité de se promener. Il y a aussi des bureaux par ici.

— Vous me rappelez un officier d'Afrique que j'ai rencontré en 1917. Il détestait la guerre moderne comme un aspect du monde moderne, du monde de la machine.

— Pas du tout. Je suis un homme de ce temps. J'aime les machines — je suis aussi un peu ingénieur, inventeur. Je ne désespère pas que la machine ne nous apporte la paresse, la bienheureuse paresse.

Je lui proposai de déjeuner là. Il accepta tranquillement. Tandis qu'on remuait la vaisselle, il y eut un long silence, coupé de paroles insignifiantes.

Il retira son veston, au grand scandale des rares voisins, puis se mit à manger ferme, assez grossièrement.

Je le regardais avec méfiance, tâchant de peser la part de la lâcheté, de l'égoïsme brut. Il sentait mon regard, mais ne s'en souciait pas ; il y eut toujours au fond de son œil une sorte de sourire incoercible, mais aucune forfanterie : il se connaissait et s'admettait largement, sans plus.

Enfin, je repris l'attaque.

— Mais si la fatalité de l'Europe, c'est d'être divisée en patries ? Il faut accepter la fatalité de ce qu'on aime. Si la fatalité de l'Europe est de finir dans un brasier ?...

— Qu'est-ce que cette assimilation des sentiments pour quelque chose de collectif aux sentiments qu'on peut avoir pour des personnes ? Certes, je puis supporter les défauts, les vices, les tares d'une femme parce que je l'aime : pourquoi en ferais-je autant pour un pays ?

— Il vous faut un pays comme il vous faut une femme.

— Mon pays est là où ma vie est sauve.

— La forme fatale d'une société, c'est d'être une patrie, plus ou moins large. Un civilisé montre son amour de la civilisation en adhérant à tout le contenu de cette proposition, en adhérant à l'état de guerre permanent. Si l'on accepte la patrie, on accepte la guerre. Car point de patrie sans guerre et pas de guerre sans patrie. Qui aime la patrie aime la guerre.

Je pleurais au fond de moi-même en m'écoutant parler. Toutefois, tel est le cul-de-sac où je vois l'Europe : les patriotes mourront au fond d'une cave.

— Mais vous savez aussi bien que moi que la guerre est devenue un fléau monstrueux, disproportionné, qui n'est plus du tout à l'échelle de l'humanité. Et l'amour de la patrie, même en dehors de sa manifestation guerrière, est devenu une obsession abrutissante, une manie qui déforme tout.

— Vous aimez plus l'Amérique que l'Europe ? Non ?

— J'aime beaucoup moins les peuples que les individus, et d'une tout autre façon. Un peuple, ce n'est pas une personne.

— Les personnalités n'existent que comme réfraction d'un peuple.

Il me regardait avec ses yeux rieurs.

— J'ai beaucoup voyagé, vous savez.

— Et alors ?

— Certes, il y a une différence des races — hommes du Nord, hommes du Sud, de l'Orient, de l'Occident — il y a surtout une différence des climats. Et surtout d'une province à l'autre... Mais c'est une différence subtile qui se dérobe à l'étreinte des mots plus que le caractère des femmes. C'est exquis, cette différence ; j'en jouis entre autres choses.

— Eh bien, alors ?

— Mais ma jouissance est bien gâtée.

— Par quoi ?

— Par le nationalisme, bien sûr — cette maladie qui se balade du Groënland à la Terre de Feu, de Pékin à San-Francisco. Ces gros mots qu'emploient les politiciens pour définir ce qui échappe même aux poètes quand ils veulent le dire comme tout le monde, je les retrouve partout pour mon déplaisir. Le nationalisme, c'est l'aspect le plus ignoble de l'esprit moderne... Autrefois, on vivait. Aujourd'hui, la vie est arrêtée, on définit le passé. Car, si l'on définit tant aujourd'hui, c'est qu'on est tourné vers le passé. On ne peut définir que ce qui est passé, arrêté, mort. Et ce sont les politiques qui font ces définitions. La société, sous le nom d'Afghanistan ou d'Allemagne, de Russie ou de Chili, veut me donner des idées. Elle veut trop me donner. Ce n'est pas la société qui fait les idées. Une idée, cela ne peut sortir d'une fabrique patentée par un gouvernement, c'est une chose qui se fait spontanément, comme une fleur. Une culture aujourd'hui, c'est une nomenclature fixée par les ministères et les agences de tourisme, et interdite par les douanes du pays voisin. Je n'en veux pas, et je ne veux pas me battre pour une chose frelatée, qui est de plus en plus frelatée à mesure qu'on se bat davantage. Car plus on défend une culture, plus elle devient sèche, moins elle est digne d'amour.

« Dites-moi, en Europe, n'y a-t-il pas des hommes qui ne perdent pas la tête et qui aiment la vie, et qui ne veulent pas se laisser emporter par toutes ces mystiques à bon marché que vendent vos journaux et vos cinémas et vos politiciens ? L'Allemagne, l'Italie, la

France, qu'est-ce que c'est aujourd'hui ? Des mots
vidés de tout contenu réel, des mots rabâchés par la
radio. En quoi cet idéal de moniteur de gymnastique
qu'est une patrie du dernier modèle ressemble-t-il à ce
qu'un homme peut souhaiter dans la vie ? Savez-vous
seulement, monsieur le conférencier propagandiste, à
la solde du Quai d'Orsay, ce qu'un homme peut
souhaiter dans la vie ? Une maison bien construite,
avec des meubles simples et jolis, des vêtements
commodes et gracieux, et du temps, du temps pour
rêver, pour dormir, pour causer, pour se promener,
pour jouer, pour jouir et pour faire du bon travail
soigné. La France ? Parlez-moi de la France ! Parlez-
moi des Français ! Ces vieux jardiniers, ces vieux
cuisiniers, ces vieux gardiens de musée qui veulent
faire comme les camarades et qui se mettent à donner
dans l'industrie à tour de bras. Et qui sont aussi
incapables de se décider pour la paix que pour la
guerre, avec leur grosse armée, et leurs nègres — et
toujours la main sur le cœur. Et « je ne demande rien,
j'ai tout, donc je veux la paix, donc les autres sont des
méchants ». Et tout un peuple devient bêtement hypocrite comme un premier ministre. Voilà tels que je les
lis dans les journaux, les hommes qui vivent le long de
cette côte, cette côte que je vis disparaître, un soir
d'août 1914.

« Je voudrais voir une patrie européenne triompher
sur les autres. Ce serait drôle. Vous voyez cela, ce
délire, ce ridicule immense. Nous avons déjà eu l'orgueil imbécile et monstrueux des Romains. L'orgueil
sournois des Français, des Anglais aujourd'hui, n'est
pas mal. Et l'orgueil tonitruant des Italiens, des Allemands. Je n'aime pas cette humanité, tout entière
empêtrée de nos jours dans la morgue politique...
Donc, supposez l'Europe conquise, unifiée par les
Illyriens. Mais bientôt, le pays vainqueur se noierait, se
perdrait parmi les vaincus. Et enfin nous serions

débarrassés de cette fièvre obsidionale ; chacun assiégé par tous les autres. L'Europe conquise par les Illyriens, ce serait amusant — et soulageant ! »

— Oui, peut-être, c'est la fin. Peut-être que cette fureur nationaliste d'aujourd'hui, ce délire grotesque qui tient aussi bien les Iroquois que les Turcomans, c'est l'agonie d'une forme dont on a abusé, qui s'est épuisée.

Il se renversait dans son fauteuil et se curait les dents.

— En tout cas, conclut-il, de tout cela, très peu pour moi.

Après un rot, il ajouta :

— Les deux choses les plus laides au monde, le nationalisme et le socialisme, se sont enfin rencontrées. Cela devait arriver. Joli accouplement.

« Elles sont nées, l'une et l'autre, du même rêve délirant des petits bourgeois dans les grandes villes. « Je suis Goethe, se dit le petit boutiquier, puisque je suis la nation, et je suis millionnaire puisque je suis l'État. Enfin, je suis Hitler. » Il n'y a rien de plus bas, comme produit de la démocratie, qu'un dictateur. »

— Vous êtes un vieux réactionnaire.

— Bon, tout à l'heure j'étais anarchiste, maintenant, je suis réactionnaire. Mais non.

— Ces pauvres Européens, murmurai-je, ils crèveront sans doute à force de se faire peur les uns aux autres.

— Et jamais il n'y en aura un qui aura l'audace de sauter le pas. Qu'est-ce que cela fait aujourd'hui que les Prussiens soient à Paris ? Ou les Polonais à Berlin ? Ne sont-ils pas aussi nuls, aussi abrutis les uns et les autres ? Ils fabriquent les mêmes objets bien laids, pensent aussi mal n'ayant guère étudié, s'embêtent dans les mêmes bureaux... Moi, j'ai eu cette audace, moi homme. Cette audace que ne peut avoir un peuple, qu'on ne peut attendre d'un peuple. J'ai sauté le pas.

Son cure-dent m'agaçait de plus en plus.

— Mais si une guerre éclate entre ce pays où vous
êtes maintenant et l'un de ses voisins ?

— Je m'en irai encore.

— La civilisation, c'est la guerre. Vous trichez avec
la civilisation. Et puis, tout ce que je vous disais sur
l'Amérique est peu sûr.

— Je vous ai laissé parler !

— L'Amérique entre dans la danse, souhaite d'entrer dans la danse des grandes guerres.

— Bien sûr. Les États-Unis, pour être une patrie, ont
besoin d'une grande guerre, bien douloureuse.

— Et la Bolivie s'en paye.

— Ne confondons pas. Il y a plusieurs Amériques.
Ici, c'est l'Amérique tropicale. Et les guerres sous les
tropiques, c'est forcément plus nonchalant, mieux
détaillé. Quand les Yankees ne s'en mêlent pas directe-
ment. Ici, c'est l'Amérique tropicale, c'est en dehors de
l'histoire. Tout ce qui est tropique, c'est en dehors de
l'histoire.

— Vous vous désintéressez de l'histoire.

— Naturellement non, je la fais, tout comme vous.
Ma vie est une protestation vivante — à la mesure de
mes moyens ou de ma discrétion. Il y a toujours eu des
hommes qui ont lutté bravement et isolément. Je suis
un de ces hommes. En 1914, j'ai été un des rares dont il
y aura des milliers d'exemplaires à la prochaine
guerre. Il y aura des milliers d'hommes qui se défen-
dront contre le tremblement de terre, en fuyant — ou
qui entre deux morts choisiront celle du protestataire
fusillé plutôt que celle du sujet résigné, bombardé et
gazé.

— Vous êtes un protestant.

— Le protestant est éternel.

— Mais les protestants se battent et se forment en
corps.

— Eh bien ! à la prochaine, nous formerons des

corps de déserteurs... Ne croyez pas que je sois dési-
reux de me dérober à la loi de contradiction, à la vie...
Et nous reviendrons en Europe pour y établir l'ordre. A
Genève. Car Genève ne mourra plus. C'est la nouvelle
Rome. Une Rome moins brillante, mais moins brutale
que l'autre.

— Tiens, tiens, vous vous échauffez.

— C'est vrai, vous me faites marcher.

— Allons, vous n'êtes qu'un anarchiste, un utopiste
inoffensif.

— Mais je ne sais pas ce que je suis, je me moque des
mots. Les esprits d'aujourd'hui n'ont de cesse qu'ils ne
vous aient pris dans le piège d'un mot. Mais moi je suis
un homme et je sais seulement ce que je veux. Si c'est
contradictoire, peu importe : la contradiction se résout
dans l'unité du fait. Et je sais encore mieux ce que je
fais que ce que je veux. Eh bien ! j'ai vécu en homme et
non pas en poule mouillée, en âne bâté et matriculé,
en... que sais-je. Mais je ne veux pas de votre état de
guerre européen, de votre mobilisation perpétuelle, de
votre socialisation militaire. Appelez cela du mot qui
vous chante : anarchisme, si vous voulez. Mais je sais
bien que je n'ai rien à faire avec des théoriciens dont je
n'ai jamais lu les livres. Et j'émigre et j'émigrerai
encore selon les besoins de ma raison. On circule
facilement sur la planète, maintenant, pourquoi ne pas
en profiter ? Je vais là où je peux vivre selon ma raison.
De tout temps, il y a eu des hommes qui ont su ainsi se
remuer et chercher l'air qui leur convenait. Ils ont fait
la planète.

— Vous êtes un espèce de Juif errant.

— Je ne suis pas Juif, je suis Bourguignon.

Il se tut, un moment, pour boire posément son café.
Ayant allumé un cigare, il compta sur ses doigts :

— Je ne suis pas un intellectuel parce que je ne
reconnais que l'expérience et la pratique. Mes pensées
sont le fruit de la connaissance que j'ai acquise de ma

nature et de la nature des hommes et de mes possibilités d'accommodement avec eux. Je ne suis pas un
bourgeois, car j'ai toujours mis mes besoins au-dessus
de mes intérêts. Je ne suis pas un prolétaire, car je
profite d'une éducation. Peut-être suis-je un noble ?
Mais non, je ne suis pas assez égoïste ou mégalomane.
Peut-être suis-je un homme ? Mais vous allez me parler
d'humanisme. Je suis moi et qui m'aime me serre la
main.

Un paquebot passa, qui partait pour l'Europe. Il
glissait puissant et rapide et me semblait un bloc
même de continent qui se détachait.

Je le regardais dans la fumée de son cigare. Il me
faisait peur : il était si seul. Je me demandais : « Est-ce
un libéral ? Un type d'homme qui finit, qui n'est plus
utilisable ? Ou est-ce un type éternel et toujours
fécond, comme il le dit ? Comment adapter ce type
d'homme à l'universel socialisme de demain ? Comment nouer cette ligne avec la ligne de Staline, de
Hitler ? »

Son teint coloré fonça, comme s'il devinait ma
pensée.

— Comme vous avez peu d'expérience. Il n'y a pas
d'isolement ; ne savez-vous pas ça ? Chacun est un
exemple pour tous les autres, mais la vertu de cet
exemple se communique par des moyens impercepti-
bles. Cette efficacité de l'âme la plus lointaine et la
plus perdue, le mot *prière* l'analyse bien... Et vous ne
m'oublierez pas.

Je souris avec une ironie assez niaise. Dont il me
punit d'un regard.

Plus tard, quand notre voiture retournait vers la ville
par de longs lacets descendants, il acheva :

— J'ai connu quelques êtres. J'ai aimé, j'ai haï. Les
êtres avec qui j'ai vécu ont reçu quelque chose de moi :
ils ne m'ont pas oublié, en tout cas. Voilà ma vie. Voilà
une vie. Quoi de plus ? Qu'est-ce que c'est que le débat

entre la France et l'Allemagne? Ce n'est qu'un débat
politique. Je nie que l'esprit y soit engagé. Les plus
belles idées, plantées dans ce terrain-là meurent
comme les arbres engrillagés dans un trottoir de
bitume. La politique, c'est le jeu le plus grossier parmi
les jeux qu'offre cette planète. Tout ce qui est de l'État,
c'est besogne de valets. Il faut des valets, et il en est de
pittoresques, mais je les méprise et ne me laisse pas
étonner par eux... L'Amérique tropicale, malgré tout,
c'est autre chose que l'Europe. C'est un royaume de
chair où l'État n'est point la chose principale qui
réduit tous les mobiles humains à une courte abstrac-
tion. Ici, il y a des tyrans, mais point de sens social. Les
guerres y sont enfantines, cruelles, bien sûr, mais
charmantes. La vie est dure comme partout, mais c'est
tout de même un pays où j'ai pu mener une destinée
particulière.

— Plus pour longtemps.

— Qui sait? En tout cas, j'aurai sauvé ma vie.
J'aurai vécu. J'ai défendu ce trésor qui m'avait été
confié. J'ai joué franchement avec les hommes : je leur
ai donné en justes parts mon dégoût et ma tendresse.
Ce que j'ai refusé, ce n'est pas à eux, c'est à leurs dieux
que je l'ai refusé. Je mourrai, le moins humilié des
hommes.

Soudain, il me regarda avec colère.

— Je n'admets pas l'idée de fatalité. Mon raisonnement a autant de chances de vivre que le vôtre. Je le
pose, je le vis. C'est raison et passion pour moi... En
tout cas, la caserne m'ennuie et cette grosse artillerie
et ces bombes d'avions me paraissent aussi grotesques
qu'horribles.

— Mais vous regrettez l'Europe, la France. Votre
premier mot a été : je n'ai pas vu un Français depuis
quinze ans.

— Mais non, j'ai dit : un Français intelligent.

— Eh bien, vous avez vu que je ne l'étais pas trop.

— Non, pas trop. Eh, intelligent pour moi, c'est distinguer et prendre ce qui est bien à moi dans le monde... Mais ne croyez pas m'attendrir. Pourquoi regretterais-je Paris plus que Florence ou Weimar ou Oxford, toutes villes chéries que j'ai voulu voir dès dix-huit ans et qui vont s'abîmer dans le prochain tremblement de terre ? Je vous jure que je les regrette également, que j'ai autant besoin de l'une que de l'autre. Ce n'est pas vague cosmopolitisme, mais ce sont les noms des villages de l'étroite république qu'est la république des hommes.

« Mais je m'en passe très bien. J'ai horreur de votre démagogie casanière. A toutes les époques les hommes qui ont voulu vivre ont dû se remuer. Les hommes qui sont venus en Bourgogne peuvent bien repartir pour l'Argentine et le Brésil. Et ce qui m'attendait dans la vie, c'était un arbre, une femme, un chien. Il y en a partout.

— A propos, avez-vous une famille ?

— Je suis bigame. J'ai une femme au Paraguay et une autre qui est maintenant en Californie, et elles ont des enfants. Celle de Californie n'a pas besoin d'argent. Celle d'Uruguay, je lui en envoie quand j'en ai. Je les ai aimées, à leur heure. Quant aux enfants, aucun ne m'a plu assez pour me retenir. Autrefois, on ne faisait pas tant de chichis, sur ce chapitre.

« Le plus gros de ma tendresse, après quarante-cinq ans, va à la terre. Cette délicieuse patrie atroce. La terre est à moi. »

La fin d'une guerre

Le jour tombait. Qu'allais-je faire jusqu'au dîner ?
Lire ? Je m'y étais acharné vainement toute la journée.
Fumer ? J'avais vingt fois rebourré ma pipe. Boire ?
Oui. Je m'en allai trouver celui qui était toujours prêt à
tordre une bouteille de fine. Longeant le couloir qui
desservait dans toute sa longueur le Poste de Commandement, je trouvai mon homme assis au bord de sa
couchette de ciment, en bras de chemise, en train de se
gratter avec une volupté furieuse.

Thomas Blow était si haut et si gros que pour lui les
menus incidents de la vie en campagne devenaient les
péripéties grotesques d'un voyage de Gulliver : en ce
moment, il était tassé en avant, ses reins menaçant de
heurter la couchette supérieure. Mais un égoïsme agile
mettait plus de commodité qu'on n'aurait pu croire
dans le déploiement et le reploiement de son énorme
masse charnue. Et il opposait à toute chose une
prudence ironique et tranquille. Son commentaire de
la vie, c'était un long rire d'abord silencieux comme
une fusée qui parcourt un chemin invisible avant
d'éclater ; l'éclat était en fausset, mais se terminait par
quelques notes presque graves. Sa tête tondue était
petite, mais par en-dessous cette tête devenait énorme,
reposant sur des bajoues et une nuque bourrelée.
Pourtant on voyait à son bout de nez, aux deux gouttes

bleues de ses yeux, à sa bouche mignonne qui cachait
un minuscule râtelier en porcelaine, qu'il n'avait que
trente ans.

Blow me parlait un anglais qu'il essayait d'entre-
couper de français. Mais ses mots français passaient
souvent inaperçus et je croyais entendre des mots
américains inconnus. Mes méprises le faisaient tordre.
Le voir se tordre faisait que je me tordais.

— Blow, ça vous gratte.

— Ah, fils de putain, fils de canon, ces damnés poux,
ces foutus poux.

Mais il cligna de l'œil d'un air entendu.

— Qu'est-ce que vous avez fait aujourd'hui ?

— Vous devinez ?

— Non.

— Vous ne voyez pas que j'ai déjeuné chez les
Français. Ce n'est pas pour moi, cette merdeuse cuisine
américaine. J'ai été chez les coloniaux. Le colonel est
un vieux bougre merveilleux ; il a un cuisinier qui était
au Ritz. Vous devinez. Je suis arrivé dans leur abri
quand ils avaient fini de déjeuner. Mais ils ont vu que
je mourrais, s'ils ne me donnaient pas du pâté qui était
encore sur la table. Alors le merveilleux colonel en a
fait apporter un autre, et je l'ai mangé tout entier. Et il
l'a arrosé d'une bouteille de bordeaux et de je ne sais
combien de verres de fine. Une fine ! Trop bonne pour
tous les Américains, sauf moi. Ah vous savez faire la
guerre, les Français.

Blow n'avait pas beaucoup plus à faire que moi dans
cet état-major. Il y jouissait d'un traitement de faveur
parce que son père avait été colonel de l'armée régu-
lière et avait été le camarade à West Point de notre
général. Il en profitait pour soigner sa paresse et sa
gourmandise. Virginien, il avait une tradition de
bonne nourriture et de joyeuse vie. Il cherchait partout
les bons morceaux et les bouteilles et se jetait sur
toutes les souillons qu'il apercevait. Sa permission

était célèbre dans toute la division. Il avait demandé
Orléans. A cause de Jeanne d'Arc ? Non, mais dans un
petit bordel qu'on lui avait signalé, il avait passé huit
jours, énorme bébé nu assis sur un lit, se grattant,
entouré de femmes saoules, de bouteilles vides, d'as-
siettes sales.

Il rôdait partout à l'arrière avec sa tunique trop
courte qui rejoignait difficilement sur son ventre son
pantalon trop court. Pour se ficeler, il devait faire
coudre ensemble deux ceinturons. Et sur sa tête, son
casque trop petit était comme une écuelle, là où il
aurait fallu une marmite. Pas belliqueux pour un sou,
au point qu'il savait se taire — lui bavard, bruyant,
bluffeur — quand il avait l'impression qu'une façon
hâbleuse de parler de ses biceps, par exemple, pouvait
paraître au dieu Mars une provocation.

Ce soir-là, après avoir bu un bon coup, il me regarda
et de nouveau cligna de l'œil.

— Qu'est-ce que vous avez fait encore ?

— Il y a quelque chose que je veux vous dire, frère, je
vous le dis pour ceux qui n'osent pas vous le dire. Dans
les Vosges, nous étions des damnés foutus idiots. Nous
ne savions pas.

Il faisait allusion à mes petites misères du début.
Quand j'avais rejoint en juin 18 mes Américains, ils
venaient d'arriver dans un secteur d'entraînement à la
frontière suisse. Ils méprisaient la France qu'ils
venaient de traverser : des maisons petites, des tas de
fumier, des hommes facilement rossés, et tant de
putains sans honte. Amenés sournoisement sur un
front où l'on entendait trois coups de canon par jour,
ils venaient me dire : « Voilà pourquoi la guerre dure
depuis quatre ans. »

En arrivant à Verdun, à ce Verdun dont je les
menaçais, après s'être remis du premier émoi, qui les
avait fait tous verdir, ils avaient pu encore crâner. Car
notre division avec ses 20 000 hommes tout neufs, avec

une artillerie derrière elle qui alignait les canons par
centaines, au-dessus de sa tête une aviation qui noircis-
sait le ciel, avait foncé contre une pauvre petite troupe
autrichienne perdue par là. Les Autrichiens n'en voulaient plus et se rendaient poliment. Nous avions
avancé de 5 kilomètres, fait 5 000 prisonniers —
canons, mitrailleuses, etc. Mes camarades recommen-
cèrent à me rire au nez. Mais depuis avant-hier, nous
avions devant nous une division de réserve saxonne qui
n'avait jamais brillé pendant la guerre, mais qui s'était
accrochée à ses mitrailleuses. Aussitôt la belle division
américaine s'était élancée. Elle s'était effondrée devant
ces vieilles mitrailleuses obstinées, puis elle avait
multiplié les attaques disjointes, s'effondrant de plus
en plus, reculant même. Mes camarades ne riaient
plus. Moi je ricanais maintenant, mais sans bruit et
d'une façon très universelle, et je rêvais mélancolique-
ment à cette pauvre Saxonne usée sous le harnais, qui
devait tant ressembler à ces maigres divisions françai-
ses, que nous avions croisées en venant, montant et
descendant en routine, ne payant pas de mine mais
utiles.

Blow et moi, clignant de l'œil, nous vidions la
bouteille de fine. Puis ce fut l'heure d'aller au mess.

Nous étions installés dans un abri allemand. On s'en
apercevait : tout était parfait. C'était un palais de
béton et de ciment, à l'épreuve des plus gros obus.

Là-dedans se mêlaient, sans arriver à trop se gêner,
l'état-major d'un groupe d'artillerie française et celui
de notre brigade d'infanterie américaine. Dans une
salle basse, mais vaste, le général Canning présidait le
mess, avec en face de lui le commandant français.

Je n'avais d'yeux que pour le général. C'était un de
ces rares hommes qui ont de l'énergie et la science des
cœurs. Avec un sens aigu, cruel pour lui-même de son
devoir, il avait la compréhension du pour et du contre
chez les autres. Ennemi délibéré de leurs faiblesses, il

n'avait de cesse d'aider leurs forces. Dans la même heure, il pouvait être bon et sévère.

Voilà un homme que j'ai vu en pleine action : je n'ai pu lui trouver aucun défaut grave. Ce n'était pas un génie, mais ses silences composaient un trait parfait à la limite de ses possibilités. Ayant plus de cœur que d'intelligence, il montrait cette intelligence du cœur — toujours modeste et sûre — qu'on est heureux de rencontrer chez les esprits moyens qui sont guettés par le pédantisme ou la prétention. Il était secondé par un chef d'état-major qui avait plus de méthode que lui et une ambition violente et novatrice mais contenue par ce sens de la dignité qu'il imposait.

On parlait peu à cette table. Aucun Français ne savait l'anglais et seul le général pouvait former quelques phrases en français. Et chacun mangeait de sa propre cuisine, au grand désespoir de Blow. Chacun s'ennuyait et souhaitait que le voisin fût au diable. Par bonheur, le repas était rapide et interrompu par des coups de téléphone.

Les Français m'auraient plutôt regardé de travers, car je n'étais pas officier et ne devais ma place à table qu'à la sympathie du général et à la cordialité des autres. L'élégance de mon uniforme inquiétait les Français ; mais ils imaginèrent que j'avais de hautes relations à Paris ; alors ils s'inclinèrent avec amour devant un fallacieux jeune homme.

Le commandant d'artillerie avait cet air d'ascète chrétien qui était un des deux ou trois types qui dominaient parmi les survivants du front. Il y avait aussi le dur-à-cuire et l'ambitieux. Le vrai guerrier — beau et bon — était tout à fait rare. Sans doute avait-il été détruit peu à peu.

Si peu mélangés qu'ils fussent, je ne trouvais plus autant de différence entre Français et Américains qu'avant de les voir si près les uns des autres. Au bout de quelques jours, on divisait les gens selon leur

caractère plutôt que selon leur nationalité ; il y avait
les intelligents et les imbéciles, les braves et les lâches.
Il y avait les neutres : Blow était neutre.

Le général parlait du lendemain. Je découvris avec
attendrissement qu'il avait l'intention de visiter quelques tranchées de première ligne, chaque matin,
comme il avait déjà fait les jours précédents depuis la
stabilisation de notre front. Quel général. Tous ses
officiers ne semblaient pas apprécier ce soin.

— Demain matin, vous m'accompagnerez, Fawker,
dit le général, en jetant un vif coup d'œil sur le
cartographe, un grand lieutenant, qui s'inclina, le
visage fermé. Celui-là était intelligent et travailleur,
mais égoïste ; défendant sa peau jusqu'à la limite du
possible, il désapprouvait ces promenades sentimenta-
les. Blow eut son sourire muet et me regarda en
clignant de l'œil. Mais je répondis à Blow par un rictus
gêné ; j'étais sous le charme du général et mes vieux
élans fermentaient.

Ces absurdes impulsions qui ne m'ont même pas
mené à une mort de surprise.

Le repas finissait. Le général venait de distribuer
comme tous les soirs de magnifiques cigares aux
Français qui se jetaient dessus. Je m'approchais de lui
au moment où il allait se retirer dans son bureau.

— Mon général, permettez-moi de vous accompagner demain matin.

Inutile d'expliquer : il avait déjà à table saisi mon
expression souffrante. Or, mon service d'interprète
était strictement limité à l'arrière ou au poste de
commandement, personne n'avait besoin de moi dans
les tranchées américaines.

— Bien, venez vous promener avec moi. Au retour je
rendrai leur visite aux coloniaux français.

Il donnait une utilité à mon geste pour lui retirer
tout caractère de forfanterie, pour me défendre contre

la hargne des officiers qui eux, quand ils allaient en ligne, y étaient obligés.

Je sortis pour prendre l'air : Blow était là, qui sifflota, me tournant un peu le dos. Tout le monde m'a toujours percé à jour.

Je regardais droit devant moi, assis sur un banc de ciment, contre le mur de l'abri. Je regardais et je ne voyais rien. Le secteur venait de se calmer : une canonnade de routine, peu de lueurs dans un ciel sombre. C'était au loin vers l'Argonne que ça cognait dans le noir, chez des voisins inconnus, aux passions incroyables.

J'essayai de parler à Blow : il me répondit sur un ton nouveau : j'étais un ennemi, un faux-frère, un hypocrite. Je rentrai chez moi. Il grogna amèrement :

— A demain matin.

Je me couchai, avec tout mon caractère étalé sous mes yeux.

J'avais quitté le front depuis des mois ou des années. Dès 1916, j'avais su décrocher la blessure heureuse. Une blessure pas assez grave pour m'empêcher de jouir de la vie, assez grave pour en faire accroire — sournoise d'ailleurs et qui plus tard devait faire des siennes. Je m'étais prélassé dans de longues convalescences ou bien j'avais occupé des postes de fantaisie. Je n'avais pas perdu mon temps, du reste : moi qui avais cru mourir avant de les connaître, j'avais approché les femmes.

Mais vers la fin de 1917, la vieille maladie me reprit. Un obscur regret du vrai front s'insinuait en moi et par les chemins les plus mal fréquentés. Je m'excitais dans les cinémas ou en lisant les journaux ou certaine littérature mystique.

Un nuit, un délire noir tomba sur moi. Et prenant peur, je me jetai dans l'ivresse d'un geste.

Je n'ai jamais eu besoin d'action que par spasmes. Longtemps je n'en ai pas compris la raison ; de là des

cris romantiques, des auto-accusations faciles. Mais,
Dieu merci, de cette disposition, il m'a bien fallu
composer un rôle qui est de toucher à tous les côtés
d'une situation, sans jamais m'engager à fond dans
aucune, de peur de perdre des moyens de comparer.

Donc, je demandai à passer dans le service armé,
moi qui un an auparavant, avais tremblé à l'idée de ne
point obtenir au moins le service auxiliaire. Mon chef
de service (j'étais alors dans le cinéma aux armées)
tomba dans une pâmoison admirative, mais dans les
couloirs du centre de réforme, tout le monde me
regarda avec horreur et mépris. Personne en 1917 ne
croyait plus à de pareils élans. Et personne n'avait tort,
car il y avait longtemps que si de pareils élans étaient
entiers, ils étaient enterrés.

On me regardait avec un soupçon, qu'étant ivre pour
plusieurs heures, je ne laissai pas entrer en moi. Enfin,
on me versa dans le service armé, au milieu de
l'écœurement haineux des braves types qui étaient là,
verts d'angoisse, suppliant qu'on les déclarât infirmes,
informes, bons à rien.

Mais le lendemain de cet exploit, je rencontrai
l'amour. Huit jours après, cette femme d'amour me
faisait reverser dans le service auxiliaire.

Cela retarda de six mois mon dernier élan. Six mois
pendant lesquels je fus le plus heureux des hommes.
Enfin, l'amant d'une vraie femme et aimé d'elle. Six
mois pendant lesquels la Russie retournait tous les
problèmes et l'Allemagne préparait sa dernière ruée
sur Paris et même l'engageait à fond.

Mes scrupules me revinrent avec le printemps. J'ai
découvert depuis que le printemps n'est pas pour moi
la saison de l'amour, mais plutôt l'hiver. Car je suis né
à l'amour dans Paris, à l'amour qui par les rues
moirées de pluie court se rouler devant les bûches.
D'ailleurs, la plus belle femme du monde ne peut
donner que ce qu'elle a. Ce qui m'avait d'abord dévoré,

je l'avais dévoré à mon tour. Bref, avec mes premières lassitudes de la paix, revinrent mes scrupules ou mes appétits de guerre.

Enfin, je partis. Mais je choisis mon petit sacrifice. Interprète à l'armée américaine.

Et, maintenant, j'étais là dans un demi-arrière, jouant avec le feu, chipotant avec mes dernières chances de mort. Personne ne me prenait au sérieux, Blow rigolait. Qu'étais-je devenu depuis 1916, depuis Verdun où le cher vieux colonel était enterré avec plus de mille de ses hommes ?

Je ne comprenais pas que j'étais devenu un autre homme, mais que j'étais victime des dernières ruades du vieil homme qui ne voulait pas mourir, qui se survivait. Nous nous prenons ainsi souvent les pieds dans nos vieilles peaux.

Le lendemain matin, je me trouvai devant une destinée complètement compromise. On parlait d'armistice déjà dans ce temps-là, nous étions à la fin d'octobre. Or, jusqu'à la veille au soir et en dépit de ces faibles dangers dont j'étais venu me faire caresser à l'armée américaine, je pouvais me dire que je m'étais tiré de la guerre. Et voilà que j'allais me faire tuer à la dernière minute. Je m'habillai, tout penaud, mais d'une penauderie qui me rongeait la moelle. Cependant, j'étais encore dans mon impulsion et après m'être bien rasé pour plaire au général, je parus au mess. On parlait d'une attaque partielle pour le soir et personne ne se soucia de moi.

— Il faut tout de suite se mettre en liaison avec les coloniaux. Ils doivent nous appuyer sur la gauche, disait le général à son chef d'état-major.

Je frémis. Jolie occasion de ne pas accompagner le général. La tentation entra en moi d'un seul coup et je vis aussitôt dix autres prétextes de ne point aller dans les tranchées et chacun, excellent en soi, avait l'avan-

tage de me faire rentrer dans mes attributions au lieu
que la promenade projetée avait quelque chose de
désobligeant, d'insultant pour mes camarades américains.

On se levait de table, après un breakfast plus bref
que d'habitude. Alors Blow s'approcha de moi. Ses
petits yeux palpitaient derrière ses pommettes rouges,
un long sourire était près de fendre ses lèvres.

— Vieil homme (ah oui, j'étais vieux, si vieilli par
deux ans de paix), vieux soldat (il se foutait de moi),
allons nous mettre en liaison avec les Français.

— Oui, dit le général, qui semblait ne pas se rappeler ma proposition de la veille, allez leur demander un
extrait de leurs ordres et apportez-le moi traduit.

Tout était arrangé. Mais je regardai le général. Je vis
qu'il n'avait oublié mon offre à aucun moment et qu'il
était mon témoin réservé mais indubitable.

— Vous viendrez demain, dit-il, à demi-voix, en
passant près de moi.

Je me retournai vivement vers Blow qui savourait la
petite scène.

Sur le seuil de l'abri, je regardai au loin vers les
premières lignes. Je prêtai l'oreille. Peu de bruit. Zut,
c'est ce matin qu'il aurait fallu y aller.

Blow me prit par le bras. Nous allumâmes nos pipes
et nous nous en allâmes, peinards vers le P.C. français.

Nous nous en allâmes, Blow et moi, tandis que le
général et le grand lieutenant s'en allaient d'un autre
côté. Je me retournai pour les voir s'éloigner. Ils
s'enfonçaient dans ce petit bois, ce petit cimetière
d'arbres, où je n'étais pas encore entré, depuis le temps
que nous étions là.

Blow marchait derrière moi. Au bout d'un moment il
se retourna et s'arrêta, me regardant. Il barrait la route
de son énorme masse, de toute sa chair intacte et bien
défendue, et il me regardait avec ses petits yeux en

vrille, son petit nez mesquin. Lentement sa bouche se
fendit sur ses dents bleues. Hi, hi, hi, hi... ha, ha.

— Oui, je suis un damné foutu farceur. Heureusement que la farce va finir.

— Vous en avez fait assez, vieux.

— Pas tant que ça.

— Toujours assez. La nature vous a chargé d'une
aimable mission, prolonger votre petite personne pendant une soixantaine d'années encore. Je vous croyais
plus raisonnable. Regardez, mais regardez.

Et il me montrait le paysage. Profondément enfoncé
dans sa chair épaisse, il était à l'abri de tout pathétique. Le danger était pour lui un fait très précis, très
limité. La peur était trop courte en lui pour se
retourner en amour de la souffrance.

— Regardez.

Or, il y avait déjà pour les siècles dans ce paysage de
Verdun une mélancolie irrésistible. Ces vues immenses, ces échappées sans fin entre des masses immobiles
et résistantes, et vers la droite au-delà de la Meuse,
cette immense fuite d'horizon. Et autour de nous, plus
près, ces pentes émaciées, ces hérissements à ras de
terre de souches noires, ce million de cadavres sous nos
pieds, ce cinquième hiver qui commençait, ce délire
soudain qui m'avait ramené à ces lieux que j'avais fuis
à jamais, ce délire qui semblait la fatalité masquée —
tout cela poussait un grand cri, bien au-dessus du
ricanement de Blow.

— Marchez, Blow, dis-je brusquement.

Nous marchâmes parmi les batteries qui étaient
sous nos pieds comme des terriers. Nous rencontrions
quelques Français, quelques nègres qui s'en allaient à
leurs petites affaires. C'était un matin d'octobre. Ma
pipe embaumait le tabac de Virginie. Je m'étais retiré
parmi les étrangers. Qu'était cette terre pour moi ?

Enfin, qu'est-ce qui me tracassait ?

Ce n'était qu'un vieux réflexe devenu purement

mental, un résidu de la préhistoire, de l'enfance, de
l'éducation. Enfant, on rêve de tuer, d'être tué. On lit
des livres. Mais les années passent et chaque année on
est plus loin du sang. Personne n'avait fait le nécessaire
pour faire engrener sur ce réflexe toutes les énergies
latentes de mon corps et de mon caractère. L'enfant
était devenu un bourgeois délicat, pacifique. Pendant
la première moitié de la guerre, ce bourgeois avait fait
des efforts désordonnés pour établir sur le tard cet
engrenage. Mais le rêve animal est une chose, la guerre
civilisée en est une autre. Je m'étais vu sous la routine
d'obus, sous la hiérarchie immobile, escroqué de toute
gloire. Et alors, au contraire, mon énergie avait pourvu
à de furieux mouvements de révolte. Que serait-il
arrivé si des accidents heureux ne m'avaient pas retiré
du front ? En 1914, deux blessures coup sur coup, en
1915, une maladie, en 1916, une nouvelle blessure ? Je
crois que j'ai frôlé le crime. Mes impulsions étaient
vives, mais aussi bien dans un sens que dans l'autre.

A Verdun, en 16, tout d'un coup devant cette
immense maladie de la guerre moderne, j'aurais pu
aussi bien déserter, ou me suicider, ou me rendre
prisonnier, ou me faire une fausse blessure — comme
tant d'autres — ou manifester une de ces mauvaises
volontés, dont on récompensait l'opiniâtreté par quelques mois dans un hôpital de lunatiques.

J'avais vu que j'avais mieux à faire que d'être un
manouvrier, ou, comme officier, un contre-maître. Oui,
mes amis, voilà une expérience que j'ai faite et qui
compte pour la vie. J'avais mieux à faire que d'être
toute ma vie — pendant quatre ans — un ouvrier.
Autant j'ai été heureux et cela a été un bienfait pendant
quelques mois, de mettre la main à la pâte, d'éplucher
les pommes de terre, de manier la pelle et la pioche —
bienfait que je souhaite à tout jeune homme de valeur
— autant je m'étais senti mauvais quand ça durait trop
longtemps. Je salue le travail manuel obligatoire, mais

point trop n'en faut. Mon socialisme est un tantinet aristocratique, vous n'en doutez pas et je ne vous apprends rien.

Mais à ce moment-là, je ne comprenais pas et je me tourmentais.

Au déjeuner, mes regards tâtaient le corps du général, y vérifiaient la certitude de ma propre vie.

— Nous avons eu chaud, ce matin, s'écria en s'asseyant le lieutenant Fawker, qui avait accompagné le général.

Je me sentis rougir. Il me semblait que cette phrase m'étais adressée. Je regardai Fawker. Mais il était tourné vers son meilleur ami, un petit brun, très sérieux, qui s'occupait des gaz. Alors je me retournai vers le général jusqu'à m'emparer de son œil, bleu, tendre, aigu.

Le jeune lieutenant raconta qu'à la sortie du bois — vous savez, à ce sale croisement — il avait fallu se jeter dans le fossé, et ç'avait été de justesse. Moi qui avais salué ainsi mille fois, en 14, en 15, en 16, je frémis de cet amour qu'on a pour tout ce qu'on connaît.

Toute la journée, je fus morne. Bah, la guerre était finie. La vie s'ouvrait, j'avais autre chose à faire. Pourquoi avais-je pris tout cela au sérieux ? Dans quelques années, on n'y penserait plus. Ce n'était pas parmi ces brutes — soldats ou officiers — que je pourrais donner ma mesure. Après tout, même dans un état-major, tout cela était petit et éphémère. Nous n'étions que de bas exécutants. Pourquoi risquer ma peau, là où il n'y avait pas un grand intérêt ? Je creusai dans le cynisme et l'indifférence, je m'y tournai et retournai, je m'y pelotonnai en boule, le nez au chaud comme un chien dans sa niche.

Mais ce moi qui est en moi et qui est appréciateur de dévouement simple, de droiture, de courage sans retour, de don à une cause, se redressait contre le moi

cynique, rusé, assoiffé de métamorphoses, de renou-
veaux.

« Tu t'es toujours plaint, disait le brave moi, de ne
pas être à ta place dans l'armée, dans l'armée démocratique, sous la lourde hiérarchie de métier méfiante
et immobile. Tu ne voulais te faire tuer que comme
colonel. Eh bien, te voilà ami d'un général. Et aux yeux
de dix mille Américains, tu représentes tout un
peuple. »

Et encore : « Tu as joué avec le danger, tu as joué
avec le feu. Tu ne peux pas faire charlemagne, au
moment où jamais le jeu n'a été aussi tentant, aussi
dangereux. Voici la dernière partie. Quitte ou
double. »

J'étais là dans ma cellule de béton, avec mon éternel
Pascal que je mâchonnais du bout des dents depuis
quatre ans. Dans ces moments-là, sans doute la subs-
tance des livres nous soutient et nous anime, mais les
livres eux-mêmes, l'œil glisse, égaré et vindicatif, sur
leurs mots tranquillement couchés.

Soudain, je n'y tins plus et je sortis. Tout était gris,
de ce gris poussiéreux, minable, de ce gris de fin du
monde qui est la couleur de l'hiver. Mais ce gris avait
en plus la couleur morale de l'arrière. Je sentais
partout cette quiétude sournoise, hypocrite, furtive,
cette médiocrité qui se savoure. Cela commençait si
près des premières lignes et ne finissait qu'à Brest.
Sous cette couleur funèbre, il me semblait que depuis
deux ans mon âme était morte lentement. Trop tard ;
j'entrerais dans la paix avec une âme morte, car
l'armistice allait venir. Encore quelques jours à attendre qu'on pouvait sans doute compter sur ses doigts et
le tour serait joué. Se sauver de la mort, c'est mourir.

J'étais là dans ce vallon qui ressemblait si bien à cet
autre vallon (à propos, à 5 kilomètres d'ici, derrière) où
deux ans auparavant, en février, je regardais pleuvoir
les obus, appuyé à la porte de Thiaumont. C'était alors

un gris plus dur, plus franc ; il faisait un froid vraiment
féroce. Féroce. Avais-je oublié la férocité de la nature
ce jour-là ? Ne m'étais-je pas juré alors, si j'en sortais,
de n'y jamais revenir, dans cette nature-là ? Avais-je
oublié ?

J'enfonçai ma pipe brûlante dans ma poche, je serrai
mes poings dans mes poches, je voulus faire le plus
grand effort pour me reconquérir, me ressaisir. Je ne
pouvais pas avoir oublié. Je devais rester fidèle à ce cri
qui était sorti de moi quand l'énorme obus s'était
abattu sur Thiaumont. Voilà : il fallait me raccrocher à
ce cri. Car ce cri était bien resté en moi, il suffisait de la
moindre évocation, n'importe où depuis deux ans,
pour qu'il me remplît de nouveau tout entier, pour que
son invraisemblable stridence perçât de nouveau.

Je restai là, attendant silencieusement le cri. Ce cri
comme un éclair avait illuminé un abîme en moi, un
abîme de sauvage égoïsme, de vitalité furibonde,
hideuse, de force élémentaire.

Je faisais effort pour rouvrir mes yeux. Là, là. Ils
éclatent, les obus. Ce vallon n'est pas paisible, vide ; ce
vallon est plein, plein de fer qui éclate, plein de gaz,
plein de feu — plein de douleur. Alors ? Alors ce cri ?
Est-ce qu'il ne retrouve pas sa pleine racine dans mon
âme insultée ? Voyons, ce poids énorme de l'obus qui
s'abat, ce coup de poing terrible qui déplace l'air, cette
brutalité qui vous cherche, qui vous happe, qui d'une
main despotique fouille dans votre vêtement, dans
votre sein, dans le recès de votre personne, pour vous
saisir, pour vous tordre le cœur. Alors, le vieil homme
reparaît d'un seul coup. Et il s'écrie : « *Ils* m'en
veulent, *ils* me haïssent, *ils* sont mes ennemis. Mais je
me défendrai, je *leur* échapperai. *Ils* ne m'auront pas. »
Qui ? Les ennemis obscurs là dans l'air, autour de moi.
La Nature.

Ennemie obscure, la Nature. N'oublie pas que tu as
haï la Nature, que tu as nié la Nature, que tu as hurlé

une négation absolue, folle où tout ton être était
engagé. Négation folle.

Négation inutile. Un an après, dans les bras du
premier amour, je poussai un autre cri, le cri contraire.

« Il y aura toujours de la guerre dans la nature,
toujours de l'amour, toujours de la douleur. La vie et la
mort, la douleur et la joie, s'égaliseront toujours pour
faire la même somme. »

Certes, je fais aujourd'hui des distinctions que je ne
faisais pas alors, que j'étais incapable de faire ; une
distinction entre la guerre d'autrefois et la guerre
d'aujourd'hui, une distinction aussi entre la société
actuelle qui produit la guerre actuelle et une autre
société possible. Je fonde tour à tour un espoir triste et
un peu honteux sur la fatigue de l'humanité, et un
autre, plus fier, ô jeunes hommes, sur la floraison
suffisante de votre virilité dans le sport, dans les périls
salubres du grand sport. Ces distinctions sont fragiles,
mais fragiles ont toujours été les points d'appui de
l'espoir humain et cet espoir m'est cher à cause de sa
fragilité même.

Mais à ce moment-là, je ne pouvais entrer dans ces
distinctions, j'étais au-delà de ces distinctions. Il ne
s'agissait pas pour moi de prétextes : la France ou la
virilité ; il s'agissait de l'acceptation ou du refus de la
vie en gros. Il s'agissait pour moi de savoir encore un
coup si j'avais la foi ou non. Démarche suprême et
décisive : j'avais vingt-quatre ans, j'allais entrer, passé
quelques jours, par la porte de l'armistice, dans la vie.
Je pressentais confusément ce que j'ai éprouvé depuis,
qu'un même abandon délibéré à la mort serait la base
de toutes mes actions, que sa sûre possibilité seule
fonderait mes amours, mon métier, mes opinions.
Dans tout amour, tout travail, il faut aller toujours à la
limite, vers la sanction de la mort.

Mais n'en avais-je pas assez fait ? N'avais-je pas
plusieurs fois cherché et trouvé des preuves ? N'avais-

je pas été brave à mes heures ? N'avais-je pas senti à certains moments une force sûre, indomptable qui résistait à l'acier et renvoyait l'acier ? Camarades de Champagne et d'ailleurs, témoignez.

Mais à d'autres heures, j'avais été lâche, j'avais tremblé, j'avais rêvé d'être garde-barrière dans le Midi.

Et surtout, il m'avait manqué une chose, la persévérance, la persistance dans mon propos, la lutte contre l'usure, la victoire dans le quotidien, dix-huit mois d'affilée au front. Ah, je n'aime pas le quotidien, aussi ne suis-je pas bien humain.

Pour cela, il était trop tard. Mais c'était pour compenser l'absence de cela que je cherchai un dernier éclat.

Je sortis ma pipe encore chaude et je la rebourrai.

Et toujours les gens de l'arrière circulaient autour de moi. Hypocrites, quiets, savourant leur petite vie. Ce gros capitaine d'artillerie française que je vois passer tous les jours — enfin, voilà le troisième jour — dans le sentier au fond du vallon. Ce secrétaire américain avec ses lunettes. Pouah !

Le tabac de Virginie qui sent bon la civilisation saxonne, ma civilisation, une civilisation virile, celle que j'ai élue dans mon cœur. J'allumai doucement. Puis je descendis dans le vallon, à grands pas, dans mes bottes, dans mes bonnes bottes, dans mes propres bottes.

J'allai vers le petit bois où, le matin, le général... Mon courage, c'est une affaire pour moi tout seul. Pas besoin de témoin. Ça se verra bien sur ma figure, quand j'aurai quatre-vingts ans, que j'aurai eu du courage, le courage sans quoi il n'y a rien dans le monde, que des mots.

J'arrivai à l'entrée du bois. Et exactement au premier tronc d'arbre, mes transes commencèrent, car

depuis trois jours, mon imagination en avait fait
l'entrée même de l'enfer.

Deux ou trois fantassins américains, assis par terre
dans le fossé, me regardèrent, mais j'eus beau faire, je
ne pus voir dans leur regard aucune admiration, ni
aucun mépris. Ils avaient assez d'expérience déjà pour
être au-delà d'un jugement sommaire. Et ils avaient
d'autres chiens à fouetter.

J'avançai dans une sorte de large sentier entre les
grandes échardes de bois. Je me rassurai : tout était
calme. C'était une journée calme où l'échange des
coups de canon était réduit au minimum. Aussitôt une
nouvelle idée de compromis entrait en moi — moi qui
prétendais être las du compromis de ces deux dernières années : cela se passerait en douce ; j'irais, mais il
ne se passerait rien.

J'avançais : je croisais des allants et venants. Soldats, officiers. Je regardais ces gens : n'étais-je pas de
nouveau des leurs ? Je marchai longtemps dans ce bois.
Je marchais dans mes bottes.

Tiens, un blessé. Au bras, pas grave. Il est content, le
zèbre. Comment qu'il les met. Comment qu'il les met.

Tiens, un bruit, un bruit qu'on n'entend pas au P. C...
ce vieux bruit de mitrailleuse dans un fond. Les bruits
isolés de la guerre dans un secteur calme prennent un
caractère champêtre. Quel travail est-ce cela ? Quelle
machine à découper le bois, à débiter des bouts de
bois ? Cela sonne sec, dans l'air sec. C'est propre, c'est
pas dangereux.

Quels coups de canon, aussi, bien entendu. Je reconnais les 75 de la batterie voisine du P. C. ; la batterie du
gros capitaine ; ils pourraient choisir leur moment,
ceux-là. Des sifflements, des bourdonnements lointains. Difficile de savoir quand on ne connaît pas un
secteur. On est plus exposé que ceux qui savent.
J'aurais dû venir avec quelqu'un qui sait. Par exemple
avec le général... ça suffit, je reviendrai demain matin

avec le général. Maintenant je suis familiarisé. Familiarisé ? Je m'avance dans un univers étrange, hostile. Les gens que je croise ne s'occupent pas de moi, du tout.

Tiens, voilà des blessés.

Un petit convoi s'approchait. Il y avait cinq ou six hommes autour d'un brancard que deux hommes portaient sur leurs épaules. Un affreux gémissement vint au-devant de moi, se jeta sur moi.

Les hommes avaient un air épouvanté. Comme j'arrivais près d'eux, ils s'arrêtèrent et déposèrent le brancard. Ce fut l'occasion d'un affreux long hurlement — puis une série de cris, de gémissements, de protestations, de supplications.

Il y avait un médecin parmi les hommes.

— Je vais lui faire une piqûre, hommes. Attendez.

Je m'approchai avec crainte.

Alors, je vis... Je n'avais pas vu ça depuis deux ans. Et c'était dans la plus horrible manière de cette sacrée nature.

Un beau jeune homme, un grand corps, un officier, ce bras avec ce bracelet d'or. Et un visage arraché. Arraché. Une bouillie. Il n'avait plus d'yeux, plus de nez, plus de bouche. Et il était vivant ; bien vivant ; sans doute vivrait-il.

— Qui est-ce ? demandai-je.

— C'est un officier de l'État-Major de la Division, qui était allé reconnaître des mitrailleuses. Torpille.

Je regardais, je regardais.

Et lui, il tournait sa face de tous côtés, avec son habitude de voir. Il y avait là quelque part dans cette surface énorme, dans ce chaos de viandes, une double habitude de voir qui nous cherchait.

Je me rappelais, ou j'aurais pu me rappeler que sous les bombardements, à certains moments d'abominable, de vicieuse dépression, quand on est tout à l'onanisme de la douleur, je me demandais ce qui était plus atroce : la balle dans le ventre ou l'éclat dans les yeux. Les Américains étaient consternés, indignés. Ils virent que j'étais français, ils me regardèrent de travers. Ils en étaient encore à chercher des responsables. Ça leur passerait.

Mais moi, j'étais traversé par mille pensées, qui se croisaient, se heurtaient, dans une furieuse bousculade. Mais j'étais aussi bien au-dessus de toutes ces pensées. Je n'étais qu'une pensée.

— Non, non.

Je suis parti, je suis rentré dans le béton du P.C.

Le lendemain matin, tout allait recommencer : l'œil gris du général recommençait à travailler. Mais tout d'un coup : « La division est relevée. Allez à l'arrière reconnaître les convois français qui vont nous embarquer. »

Je suis parti, je ne suis jamais revenu, cette fois.

DU MÊME AUTEUR

Romans

L'HOMME COUVERT DE FEMMES
BLÈCHE
UNE FEMME À SA FENÊTRE
LE FEU FOLLET
DRÔLE DE VOYAGE
BÉLOUKIA
RÊVEUSE BOURGEOISIE
GILLES
L'HOMME À CHEVAL
LES CHIENS DE PAILLE
MÉMOIRES DE DIRK RASPE

Nouvelles

PLAINTE CONTRE INCONNU
LA COMÉDIE DE CHARLEROI
JOURNAL D'UN HOMME TROMPÉ
HISTOIRES DÉPLAISANTES

Poésies

INTERROGATION
FOND DE CANTINE

Témoignages

ÉTAT CIVIL
RÉCIT SECRET *suivi de* JOURNAL (1944-1945) *et d'*EXORDE

Essais

LE JEUNE EUROPÉEN *suivi de* GENÈVE OU MOSCOU
L'EUROPE CONTRE LES PATRIES
SOCIALISME FASCISTE
AVEC DORIOT
NOTES POUR COMPRENDRE LE SIÈCLE
CHRONIQUE POLITIQUE (1934-1942)
SUR LES ÉCRIVAINS

Théâtre

CHARLOTTE CORDAY — LE CHEF

Chez d'autres éditeurs

LA SUITE DANS LES IDÉES (Au Sans Pareil)
MESURE DE LA FRANCE (Grasset)
NE PLUS ATTENDRE (Grasset)

*Cet ouvrage
a été achevé d'imprimer par
l'imprimerie Bussière à Saint-Amand (Cher)
le 16 mars 1982.
Dépôt légal : mars 1982.
Imprimé en France (2286)*

No security (registers — wrong)
Fraud (voting) Joseph Rowntree founda
animal cruelty
general corruption
benefit fraud
consumer (supermarket) fraud
airport overcharging etc

Voting systems totally insecure
Government refuse to recognise

10 times more accusations tha
reach court